U0948456

多少只大象=一只蓝鲸？

（英）马库斯·威克斯 著 李迎捷 侯利阳 译

河南科学技术出版社
·郑州·

Copyright © THE IVY PRESS 2010
This translation of *How Many Elephants in a Blue Whale* originally published in English in 2010 is published by arrangement with THE IVY PRESS Limited

本书译自2010年英文版的*How Many Elephants in a Blue Whale*，本书发行获得THE IVY PRESS的许可

版权所有，翻印必究

著作权合同登记号：图字16—2011—128

图书在版编目(CIP)数据

多少只大象＝一只蓝鲸？/（英）威克斯著；李迎捷，侯利阳译．—郑州：河南科学技术出版社，2014.11
ISBN 978-7-5349-5265-4

Ⅰ．①多…　Ⅱ．①威…　②李…　③侯…　Ⅲ．①科学知识—儿童读物　Ⅳ．①Z228.1

中国版本图书馆CIP数据核字(2012)第142143号

出版发行：河南科学技术出版社
　　　　　地址：郑州市经五路66号　　邮编：450002
　　　　　电话：（0371）65737028　　65788633
　　　　　网址：www.hnstp.cn
策划编辑：李迎辉
责任编辑：王亦梁
责任校对：张小玲
封面设计：张　伟
责任印制：张艳芳
印　　刷：北京盛通印刷股份有限公司
经　　销：全国新华书店
幅面尺寸：145 mm×195 mm　　印张：4　　字数：200 千字
版　　次：2014年11月第1版　　2014年11月第1次印刷
定　　价：25.00元

如发现印、装质量问题，影响阅读，请与出版社联系并调换。

目录

前言

“难以意会的词很难让你将它与它指示的物体联系起来”，这时我们需要一个容易理解的参照物。

你曾经好奇过一只蓝鲸到底有多大吗？我的意思是，我们都知道它很大，但是我们大多数人都不曾近距离地观察过它。那么，它到底有多大呢？像一座房子一样大吗？或者像一架飞机那么大？或者更大些？你看，为了了解它的大小，我们会本能地找一些事物来跟它比较——一些我们能够触及的比较熟悉的事物。比如说大象——它们相当大，而且几乎每个人都知道它们大概有多大。所以，当我们被告知一只蓝鲸的舌头的重量等同于一只非洲象，我们就知道蓝鲸不只是大，而是非常的巨大。事实上，它大概等重于 25 只大象。

这就是本书要讲的内容——通过比较而不是丈量来了解大小，让巨大的天文数字更易于理解。这意味着为你不了解的事物（通常不是太大就是太小）寻找你熟悉的等值物：日常物品、家庭用品、家畜或者著名景点的标志物等。我们用对我们有意义的事物，比如一般成年人的体重、身高和足球场的长度等，来取代千克、升、米等度量衡。这样，我们就能用我们大概了解的事物，比如说一只大象的重量，来理解对我们来说相当陌生的事物。并不是每个人都参观过埃菲尔铁塔（虽然我们都知道它很高）或者怀俄明州，但是，在实际应用中，将一个成年人的身高或一个足球场的大小跟它们作对比，是相当有用的参照。

使用平均值和大概的数据来使计算变得简单，就必然不那么精确，但是它确实能够帮助我们大致了解相对的尺寸。更重要的是，它能使我们易于理解日常生活中遇到的极大和极小的数字。

对我们来说，过大的数字是很难想象的。比如，100 万到底是什么概念？ 100 万美元？哇，听起来非常多——但是到底是多少？所以，让我们从这个角度来考虑它：1 美元纸币的面积大概是 103 平方厘米，所以把 100 万美元平铺大概要占据 10,322 平方米的面积。这样能理解吗？这时如果告诉你它们将几乎占据两个美式橄榄球场，你觉得怎样？对体育爱好者来说，这样的确比较能让他们有一些概念。对我们其他人来说，100 万美元将占据将近 1,000 个汽车停车位。那将是一个相当大的停车场——算一算一个停车位大概可以摆放 1,000 美元。

我们也可能弄不清楚日常生活中的数字。一个标牌指出一部电梯的载重量是 1 吨。但是，1 吨到底有多重？如果把它想象为大概 12 个成人和一个 10 岁男孩的重量，我们就容易理解了。

同样，我们可以用了解的事物做单位来理解我们在报纸上读到的东西。使用标准单位的统计数字是枯燥及难理解的。在报道中用平方千米做单位来描述人类对臭氧层的消耗和对热带雨林的破坏，是很难震撼读者的，但是如果与怀俄明州或威尔士的面积作比较，读者就比较容易想象。同样的，对流行病的报道让我们迷惑，除非我们能找到些我们知道的事物来理解这些数字——如果 850 万人患上了流感，我们知道那是一件糟糕的事情，但是如果我们被告知那相当于整个纽约市的人都躺倒了，我们就能知道那到底有多糟糕。

另一个理解大小的方式是将它们扩大或缩小——这在我们试图理解非常大或非常小的事物时很有效。比如，把氢原子核放大更有助于我们理解它们到底有多小；甚至将它们放大 1,000 亿倍，它的直径仍然不足 1 毫米。在同等比例下，一只现实中大概 3.8 毫米长的跳蚤，将达到 380,000 千米长——差不多是地球到月球的距离。相似的，我们可以将巨大的事物，比如天文距离和大小，缩小到我们可以理解的范围。如果把地球缩小到橘子的大小，大概直径 7 厘米，那么按从中心到中心的距离算，月球将在 210 厘米之外，而太阳在 1 千米之外。

所以，当你通读本书，惊叹于陌生事物与熟悉事物、破纪录的数据与日常的数据之间的比较时，你也将了解长度、质量、面积等物理量。当你面对崭新的数字时，比如某卫星与地球的距离，你就会问诸如此类的问题“那是多少条尼罗河的长度？”或者“那是多少座埃菲尔铁塔的高度？”你甚至可能开始使用与你个人更相关的等值物。

确实，我是那么做的。我用开普敦赛马场，人人都知道它 8 千米长，或者宾夕法尼亚大街——从白宫到国会大厦差不多有 2 千米长；至于 1 千米的长度，我会想到在著名的伦敦购物街后的里根大街。我知道我理想的体重是差不多 20 只公猫的总重，为了保持体型，我会每周步行一个开普敦赛马场的距离，或者走几圈里根大街的长度。我还想尽量减少使用汽车的次数来过低碳生活，因为我知道去年我驾驶的距离大概等于绕地球一圈。那样的话，只要 10 年我就可以开到月球了！

（注：本书涉及各类数据，部分数据为作者由本国权威机构公布的数据整理得出，与我国统计数据或有细微差别。）

1

长度和距离

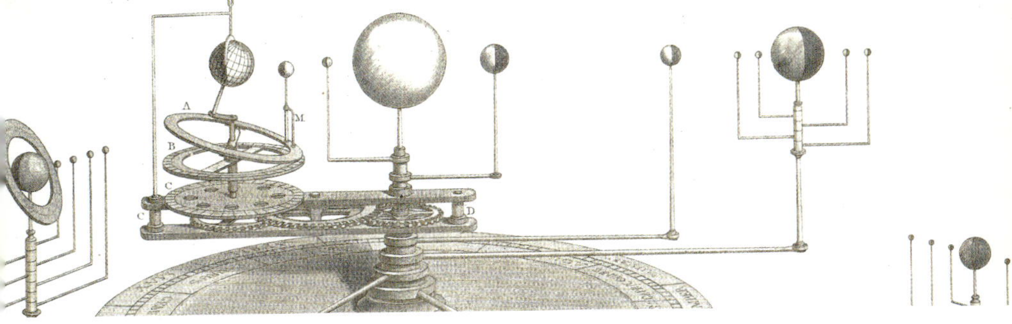

一条绳子有多长？我们几乎每天都要遇到长度或距离的测量——不只是在新闻的细节性描述里，而且在我们的日常对话中。我们需要知道某个地方有多远，一张桌子有多长，或者一只动物有多大。如果我们得到的答案是多少千米或米，我们很可能只是模糊地知道那大概是多少，并且将不得不借助地图或尺子来将数字直观化。然而，如果我们被告知“它跟什么什么一样长”或者“就是一个什么什么的大小”，我们马上就有了直观的了解。这一章将讨论如何用我们熟悉的事物来理解从微观世界到天文世界的长度。

经验法则

我们用来丈量较短长度的最方便的工具，就是我们的手。当然还有脚、胳膊、腿和步距（pace）——事实上，我们许多长度单位的制定就是从跟身体的比较开始的。

脚（foot，也即英尺）是作为丈量单位的一个最明显的例子，不过人们也用手，拃（span）——手尽量展开后大拇指尖到中指（或小指）尖的距离，肘距（cubit）——前臂的长度，指宽（digit）——一根手指的宽度，等等。英寸（inch，约 2.54 厘米）起源于人的大拇指的顶部到第一个指关节的长度——所以“经验法则”就是粗略的测量法则。

这正是我们的兴趣所在：粗略的测量，比如每个人都懂得用自己的步距来测量一间屋子以知道它多长。标准的测量方式（比如以厘米为单位来进行测量）能给我们精确的结果，但同时我们也丢掉了古老的简单粗略的测量方法。

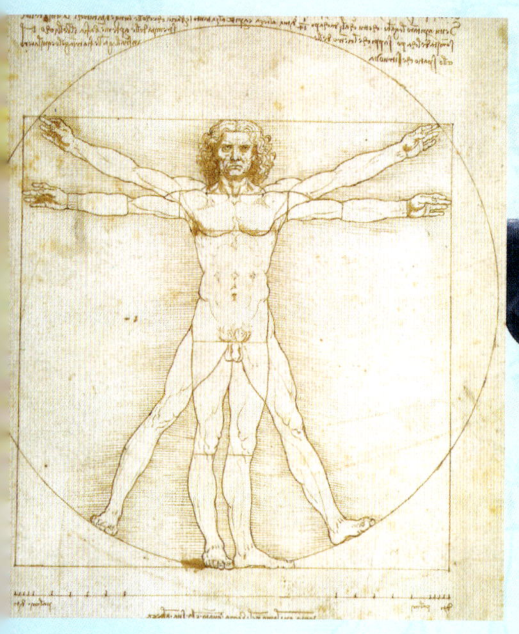

蓝鲸 大约 27.5 米＝ 15 Len

问一个钓鱼者，跑掉的鱼的大小，在英国他不会告诉你有多少英寸；他会展开他的胳膊来给你比划，像达·芬奇（Leonardo da Vinci）的素描《维特鲁威人》一样。现在那是一个我们都能理解的单位——让我们叫它莱昂纳多（Leonardo，Len）。当描述比较大的鱼时，比如大白鲨，莱昂纳多变得非常有用，并且能够帮助我们比较我们从未遇到过的生物，比如恐龙和鲸。

小怪物：在尺度的另一端，甚至昆虫世界里的大怪物们最好用比莱昂纳多小的事物来衡量。比如，人的手张开的一拃，就是从大拇指尖到中指（或小指）尖的距离，大概是 23 厘米。白女巫蛾（最大的鳞翅目）的翼展能达到 1.25 拃，跟最大的蜘蛛，亚马孙食鸟蛛的腿距一样长。

梁龙 大约 25.6 米 = 14 Len

展翅飞翔

无独有偶，1 Len 恰恰与秃头鹰 (B.E.) 的翼展差不多。虽然那是相当大的翼展，但是秃头鹰比不过翼展 1.5 Len 的秃鹰，并且会败给翼展 2 Len 的巨大的信天翁。然而，最大的翼展要属风神翼龙。它的化石告诉我们，这种生物曾经在白垩纪晚期（请看第 86、87 页，来了解恐龙生活在多久之前）以它 6 Len 的强壮双翅徘徊在北美上空。

大白鲨 大约 11 米 = 6 Len

人类的飞跃

在田径运动中，有一项叫跳远，人类跳得最远的距离是 8.95 米，是由迈克 · 鲍威尔于 1991 年世界田径锦标赛上取得的。这距离大概是 10 个步距，或者 4.5Len，这听起来很令人印象深刻——它是传奇的跳跃能手袋鼠的一跳（6Len）的 3/4。但是，与其他两个著名的跳跃能手比起来，这并不是那么令人惊叹……

虽然青蛙只能跳出 4 个步距，而跳蚤仅仅能跳出 1.5 拃，但是如果我们考虑到它们的身长并且按比例放大为人类的尺寸，那么青蛙最好的跳跃相当于人类的 200 步距。跳蚤能跳出 150 倍它的身长，相当于 300 步距。那真的很难想象……但是如果我们换个思路将容易得多：一个普通停车位的长度——大概 5 步距——我们可以将它设定为叫做“停车位”（Pcar）的单位。那么，一个具备跳蚤跳跃能力的奥运会跳远选手能够跳过 60 Pcars，人类目前的奥运会纪录与之相比就显得相当可怜了。

飞鱼

最佳跳跃能手的称号应授予飞鱼。飞鱼并不是真的能飞，只是能够跃出水面，然后靠它独特的鱼鳍滑翔。这个“借助鱼鳍”的跳跃能够达到 400 步距，或者 80 Pcars。这真的是令人惊叹。

长跑

另一个令人惊叹的壮举发生在古希腊，菲迪皮茨（Phidippides）从位于马拉松的战场跑步穿越群山，一直跑到雅典来报告希腊胜利的消息，他跑了大约 40 千米。这位希腊英雄当场累死，在死前两天他刚刚跑了 240 千米的距离。起源于他的最后征途的马拉松竞赛则将距离稍稍拉长了一些——正式的距离为 42.195 千米。

即使用停车位来做单位，那距离依然很难想象。确实，那是遥远的距离，但是到底有多遥远？

如今，当你问到要去的地方有多远的时候，常常得到“大约步行 5 分钟”的回答。虽然在生活中那距离总是被低估，但它是关于距离的有用的参照。假设用中等适度的步行速度，“步行 5 分钟”（或称 F.M.W.）大概是 500 步距，或者 100 Pcars。所以，回答上面的问题，马拉松的长度大概是 85 F.M.W.——也就是说你需要步行大概 7 小时。

比较马拉松与其他的传奇横渡，诗人拜伦曾经游过了土耳其的赫勒斯滂（如今的达达尼尔海峡）。这条分隔了欧洲和亚洲的海峡，实际远没有想象中那么难于穿越，在它最窄的地方只有 2.6 F.M.W.。对于现代游泳者来讲，它只是小菜一碟，他们更倾向于挑战直布罗陀海峡（28.5 F.M.W.）或者英吉利海峡东部的多佛尔海峡（66 F.M.W.）。说到英吉利海峡，如今大多数想要从英国到达法国的人会选择英吉利海峡隧道（请看第 15 页）。

运动、场地和比赛

体育赛事提供了丰富的可以用来参照的长度和距离资源。最显而易见的是 100 米和 400 米跑道，体育比赛中用到了各式各样的具备标准长度的运动场。比如美式橄榄球场是 110 米长，足球场长 105 米，你可以按自己的喜好选择它们作为参照尺寸；或者选择网球场——长 23.77 米；或者选择篮球场，它的长度是 28~29 米。

找到一个几乎尽人皆知的合适的参照物并不那么容易。碰巧，在棒球中投球手到击球手的距离几乎等于板球中投球手到击球手的距离，还等于保龄球球道的长度：大概 20 米。这是一个有用的参照物，几乎人人想象得出来——让我们叫它“保龄球道”，或者简单叫做“球道”。

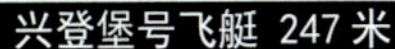

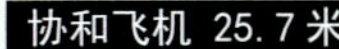

大型飞机 70 米

诺克耐维斯超级油轮 458 米

休斯飞行船 66.65 米

要走的路

伦敦公共汽车，是英国独有的尺寸参照物。通过电影和电视节目，这种红色的双层汽车几乎和伦敦另一个标志物伊丽莎白塔（原名大本钟）一样尽人皆知。虽然，这个路霸（大多数人这么称呼这个红色双层公共汽车）几乎已经消失了，但是它继续作为一个 9.144 米长（所以两辆路霸差不多正好是一条保龄球道的长度）的长度单位而存活。它的美国对等物，13.716 米长的灰狗公共汽车，至今仍未取代它。

其他形式的交通工具在长度上相去甚远，从小船到超级油轮，从卡车到火车，从双翼飞机到大型飞机。它们中最长的（迄今为止）是 8 个引擎的 682 节车厢的货运列车，在 2001 年 6 月从澳大利亚的赫德兰发车：它长 7.353 千米，步行从头走到尾需要大概 1.25 小时。

布鲁克林大桥 365 Pcars = 1,818 米

经历过上下班堵车高峰的城市居民一定了解被堵的车辆能够绵延多长，如果他们在纽约、旧金山、伦敦或悉尼工作，他们将精确地知道他们著名的大桥有多长。对于我们其他人来说，这儿的图片或许会使我们对他们产生同情。来往于法国和英国的人们就比较幸运了，因为英吉利海峡隧道是一条铁路隧道。

顺其自然

马拉松提供了一个实用的长度来测量较长的距离，比如在常识问答比赛中常会出现的题目，关于河流的长度。世界上最长河流的两个最有力的竞争者，尼罗河和亚马孙河（顺便提一下，尼罗河是胜者，仅长出了 4 马拉松），都超过 150 马拉松长，密西西比－密苏里河系也近 150 马拉松长。跟在它们后面不远的是黄河（130 马拉松）和刚果河（110 马拉松）——所有这些河都足以横贯美国。

- 尼罗河 6,671 千米 ＝ 158 马拉松
- 亚马孙河 6,480 千米 ＝ 154 马拉松
- 密西西比—密苏里河 6,262 千米 ＝ 148 马拉松
- 黄河 5,464 千米 ＝ 130 马拉松
- 刚果河 4,640 千米 ＝ 110 马拉松
- 伏尔加河 3,530 千米 ＝ 84 马拉松
- 墨累—达令河 3,370 千米 ＝ 80 马拉松
- 莱茵河 1,320 千米 ＝ 31 马拉松
- 塞纳河 776 千米 ＝ 18 马拉松
- 泰晤士河 338 千米 ＝ 8 马拉松

去的地方

奇怪的是，如果我们用更大的东西去帮助理解这些长距离反而可以更加直观——那意味着从全球的角度去理解这些距离。比如，在地图上看着尼罗河并不能使我们真正了解它的长度，但是如果我们知道它的长度恰恰是纽约到布拉格的距离，飞机在两地间飞行需要 8 小时，我们就对那长度有了概念。当你从地球的角度来理解长度的时候，这些国际距离就更加有意义。当你观察到尼罗河比地球的极半径（6,357 千米）还要长时，你就有了一个新角度来看待事物。

统计数据

- 总长 8,851.8 千米
- 真墙 6,259.6 千米
- 战壕 359.7 千米
- 自然防御屏障，比如山、河 2,232.5 千米

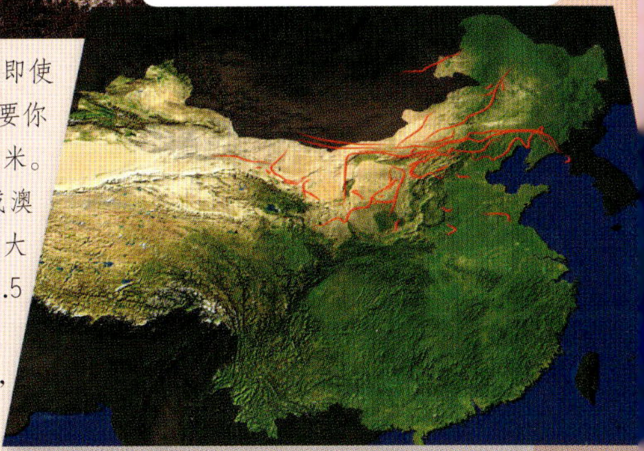

世界上最长的人工建筑——中国的明长城，即使你在地图上观察它或者亲自参观它，它的长度仍需要你好好地想象。包括所有的分支，它总计长 8,851.8 千米。为了便于理解，它大约是 1.3 个尼罗河，比美国或澳大利亚宽度的两倍还宽，甚至比非洲大陆或南美洲大陆更长——如果将它伸直，从头到尾飞机需要 11.5 小时的飞行。

它的自然防御屏障部分大约有 1.7 条莱茵河长，战壕部分大约有一条泰晤士河长，剩下的真墙部分仍然有几乎恰恰一条亚马孙河长。

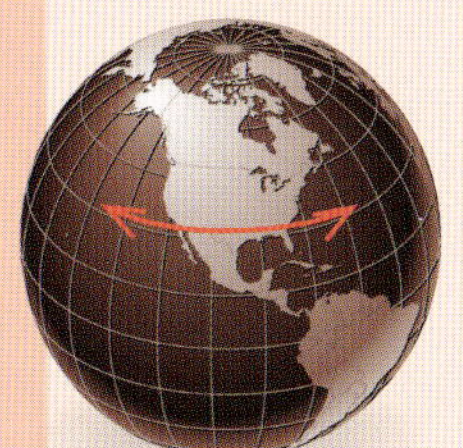

如果长城在美国

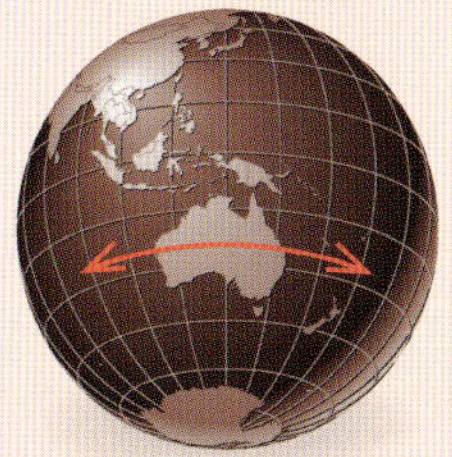

如果长城在澳大利亚

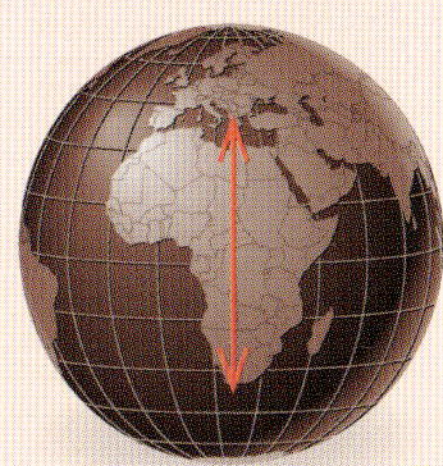

如果长城在非洲大陆

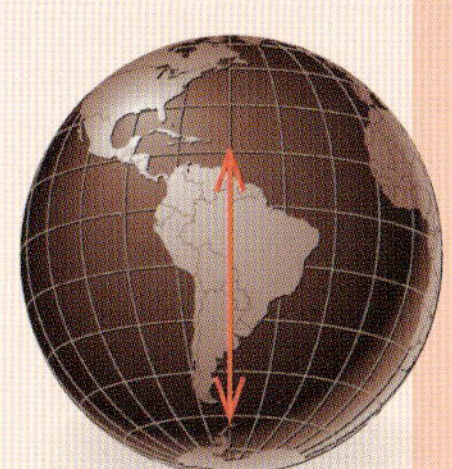

如果长城在南美洲大陆

关于天文距离

为了理解太阳系的星球之间的距离，让我们想象太阳在旧金山，而太阳系边缘的矮行星，比如冥王星和妊神星的柯伊伯带则贯穿纽约。按照这个比例，地球应该在萨克拉门托（仅仅 130 千米之外），一路上经过水星和金星。我们最近的邻居火星，仍然在加利福尼亚，而下一个邻居木星，将在内华达州的中部。盐湖城东边 160 千米，你将找到土星，而天王星在内布拉斯加州最深处。继续穿过印第安纳州到达俄亥俄州，你将在印第安纳波利斯和哥伦布之间找到海王星，距离我们的目的地——位于纽约的柯伊伯带，仍然有相当的距离。

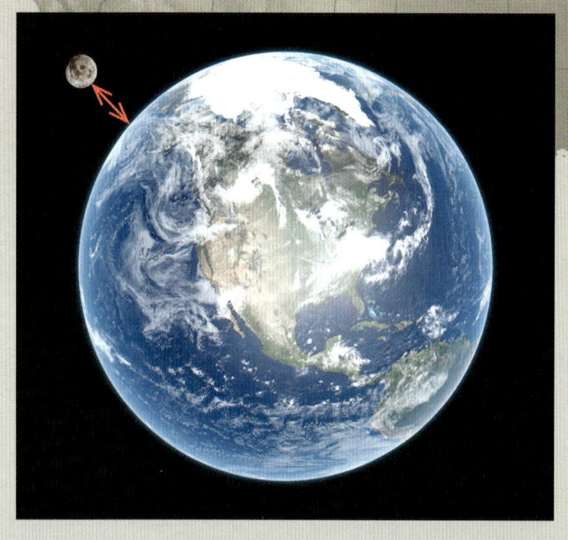

从地球到月球的距离约 58 条尼罗河长，也叫做月距

登月是人类的一个大飞跃，但是当与我们舒适的小世界之外的辽阔宇宙相比较时，只是一小步。

抓起一个球

如果想知道太阳系究竟有多大，试着做一做这个小试验。抓起一个直径 25 厘米的保龄球，它代表太阳。现在，按这个比例，你估计水星在多远之外？答案可能会使你吃惊——在 10 步距外。下一个星球是金星，需要再加上 9 步距，它距离我们的保龄球太阳几乎是一条保龄球道的距离。接下来是地球，再加上 7 步距（在这个模型里，它恰巧是一粒胡椒子的大小），紧跟着是 14 步距外的火星。从这儿惊奇真正开始了：下一个星球是木星（太阳系中最大的行星，在这个模型中，大小相当于大拇指头），在 95 步距外。继续前行——前面仍然有长长的路。我们需要 112 步距到达土星，接着再过 249 步距到达天王星；再过 281 步距到达海王星，再过 242 步距，你最终到达柯伊伯带的矮行星们跟前（即使细小的针头对它们来说也太大了）。

总之，你需要超过 1,000 步距从太阳到太阳系的边缘。使用相同的比例，我们离最近的恒星比邻星，实在是漫长的路途——它大概在 6,900 千米之外。

月亮有多远？

在寻找和命名参照物的游戏中，天文学家是我们的先行者。当然，他们不会问诸如“到月球多少条尼罗河长？”此类的问题，但是他们确实使用从地球到月球的平均距离，也就是月距。类似的，到太阳的平均距离有一个专有名词——天文单位（AU）——相当于大约 16,833 个长城，它被用来衡量宇宙间的辽阔距离。

对于实在太远的距离，我们使用光年，即光在一年时间走的距离。那大概是 63,240 AU——从这你能算出光从太阳到地球需要 8 分 18 秒。

我们的太阳系，横跨了 70~80 AU，可能看起来很辽阔，但是与从一边到另一边需要 100,000 光年的壮阔的银河系相比，实在不算什么。

那么宇宙呢？天文学家估计它至少宽 930 亿光年，且还在继续变大。

70~80 AU 太阳系

100,000 光年 银河系

930 亿光年 宇宙（持续增大中）

头发的宽度

当人们死里逃生后，常常形容离灾难只有“头发丝的距离”，但是一根头发到底有多细呢？人们头发的粗细差别很大，从 0.04 毫米到 5 毫米不等，所以它远不是一个精确的单位。为了测量一些很小的距离，我们需要更稳定和熟悉的事物——那么，用一张纸的厚度怎么样？

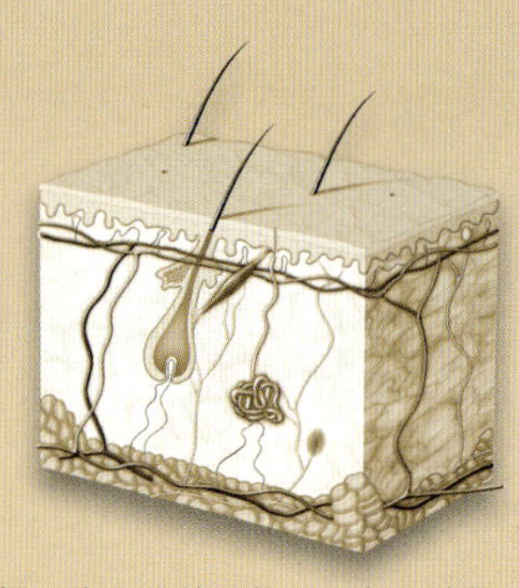

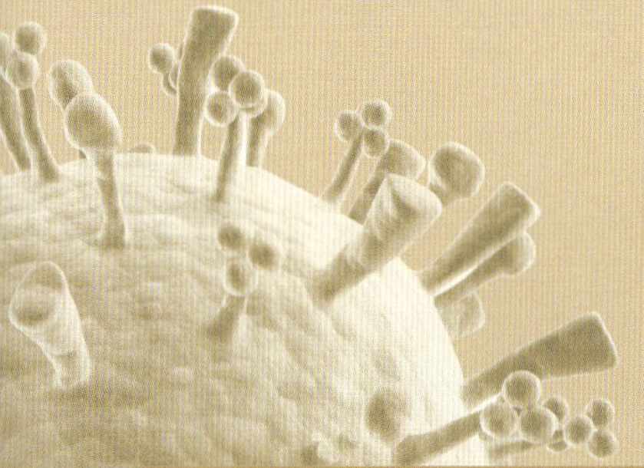

用一张纸的厚度做准绳，我们能够了解一些东西到底有多小。比如变形虫，大小为 15 到 800 微米——从这句话我们很难了解什么，直到我们知道它最大的也不过是 5 张纸的厚度，而 10 个最小的并排才能达到 1 张纸的厚度。如果你认为这已经相当小了，那么想一想大约是变形虫 1/1,000 大小的病毒（更确切些，在 10 到 300 纳米之间）——并且我们甚至还没有提及更细小的物质，如分子或原子……

原子核

与病毒相比，作为小的象征的跳蚤相对来说相当巨大，它的长度有 20 张纸厚（捏起从本书开头到第 40 页来看看那有多厚）。甚至它们的卵也有 3 张纸厚。让我们把跳蚤作为单位——一只中等大小的跳蚤大约 13 张纸厚。

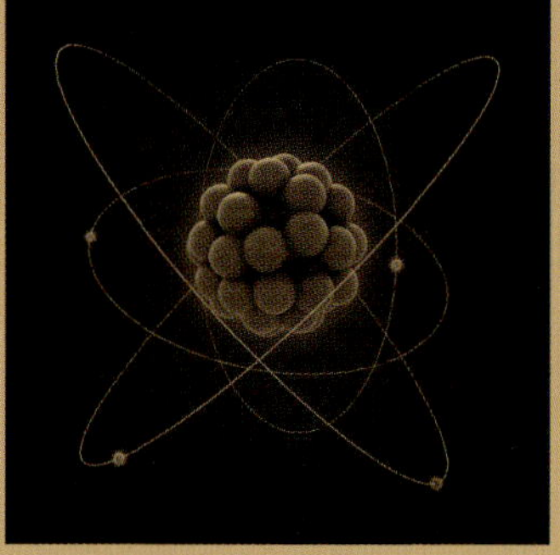

比较跳蚤与真正微观的事物：

氢原子核

x 2,000,000,000,000 =跳蚤

也就是说，把氢原子核放大 2,000,000,000,000 倍才是一只跳蚤的大小。按照相同的倍数放大氢原子，它的整体将横跨 400Pcars——而我们“细小的发丝”的厚度将从 80,000 千米到 500,000 千米。在同样的比例下，跳蚤将达到 7,600,000 千米长——差不多是从地球到月球距离的 20 倍了。

2

面积

试着来计算广阔的空间：想象长度和距离已经相当困难了，而谈到面积，我们大多数人更是一筹莫展。农夫可能很高兴谈到公顷，房地产经纪人会谈到平方米，但是我们需要一些比较来弄懂那些单位。不管是要算出需要多少草皮来铺满那块儿草坪的问题，还是担忧臭氧层的洞究竟有多大，找到一些东西作为参照物都将是有帮助的。

$$A = \iint_D \sqrt{\left(\frac{\partial f}{\partial x}\right)^2 + \left(\frac{\partial f}{\partial y}\right)^2 + 1}\, dx\, dy.$$

回到起点

找到理想的房子不是那么容易。房地产经纪人提供的照片必然会误导你，所以你一定要了解面积——如果脑海中只是平方米，你可能还是一脸茫然。

你需要一些东西来帮助你想象那些面积。比如，这样描述大约 15 平方米的卧室：试想如果放进一张双人床之后看起来怎样？现在，一张标准双人床大约 2.5 平方米，所以你能在这个卧室放进 6 张那样的床。当然，通常只放一张床，这样你就有足够的空间走来走去。

花园的尺寸也不错：42 平方米。那足够放下 17 张双人床——或者想象一个放得下 16 张床的面积，再加上约 2 平方米的用来烧烤的地方。

21张床放满52.5平方米

我是体育迷

就像保龄球道给我们提供了一个便捷的长度单位（请看第 14 页），体育设施能帮助我们了解面积。也许最有用的候选者是拳击台（右下图中的红色方块）：很容易想象，并能从台上的选手判断出场地的大小。它是个有用的尺寸：16张双人床。用拳击台（B.R.）作衡量，我们能处理一些其他的熟悉的面积，比如美式橄榄球场（135 B.R.s），或者足球场（180 B.R.s）。

对体育不感兴趣？

那么考虑停车位。普通停车位的面积大概是 10 平方米，大概是 1/4 个拳击台（B.R.）——所以停车位（P-space）是另一个有用的面积单位。所以当你看到比如 1,000 平方米的数字，你知道那是 100 P-spaces，相当于一个容纳 100 辆车的停车场。

如果你愿意，你也可以使用奥运会标准尺寸的游泳池做面积单位。

皇家阿尔伯特音乐厅 5,400 平方米 =540 P-spaces=135 B.R.s

罗马斗兽场 23,225 平方米 =2,323 P-spaces = 580 B.R.s

大金字塔 53,095 平方米 =5,309 P-spaces=1,327 B.R.s

五角大楼 117,355 平方米 = 11,735 P-spaces=2,933 B.R.s

户外空间

用像拳击台（B.R.）和停车位（P-space）这样的单位，可以帮助我们理解一些较大的面积：一些我们只读到过的地方，比如吉萨的大金字塔（5,309 P-spaces，或者 1,327 B.R.s），罗马斗兽场（2,323 P-spaces，或者 580 B.R.s）。还有一些真的很大的建筑物，比如五角大楼——相当于一个有 11,735 个车位的停车场。虽然约翰·列侬可能不知道皇家阿尔伯特音乐厅能够容纳多少观众，但是我们知道它有 135 个拳击台那么大。

特拉法加广场 12,100 平方米 =1,210 P-spaces=1.68 足球场

圣马可广场 12,128 平方米，梯形尺寸：175 米长，56.6 米和 82 米宽 =1,213 P-spaces=1.68 足球场

红场 23,100 平方米 =2,310 P-spaces=3 足球场

天安门广场 440,000 平方米 =44,000 P-spaces=60 足球场

我们同样可以使用这些计量单位来衡量公共空间，比如莫斯科的红场（2,310 P-spaces/3 足球场）或者威尼斯的圣马可广场（1,213 P-spaces/1.68 足球场）。那有助于我们了解像美国纽约中央公园这样的面积：它是 341 公顷（1 公顷 = 1,000 P-spaces）—— 631 个美式橄榄球场，几乎是天安门广场的 8 倍。

地域辽阔

当我们谈及地域面积时，找到一个参照物不那么容易。英国记者最喜欢的比较单位是威尔士的面积，但是对非英国人来说，那没有任何意义。美国人也许愿意使用他们的一个州作为单位——比如，怀俄明州，因为它方方正正，并且恰好几乎相当于 250,000 平方千米。美国大约有 40 个怀俄明州那么大。其他的参照物包括科罗拉多州（只比怀俄明州大一点点）、得克萨斯州（2.75 个怀俄明州）和阿拉斯加州（几乎 7 个怀俄明州）。

然而，如果不同的国家坚持使用互相不一致的单位（比如国际标准度量单位与美国标准度量单位，或美国标准度量单位对英国标准度量单位），这将会造成理解上的问题。所以，我们可以放弃这种硬性的指定，尽可能地使用当地参照物：这样世界上的每一个岛屿都可以作为备选。

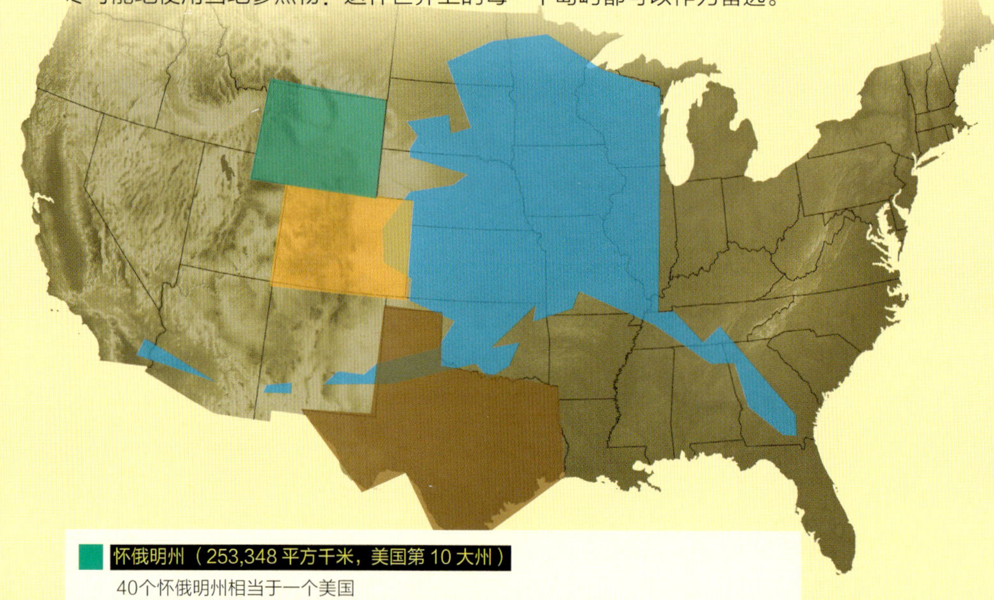

怀俄明州（253,348 平方千米，美国第 10 大州）
40个怀俄明州相当于一个美国

科罗拉多州（269,602 平方千米，美国第 8 大州）
35个科罗拉多州相当于一个美国

得克萨斯州（695,622 平方千米）
13.5个得克萨斯州相当于一个美国

阿拉斯加州（1,717,854 平方千米）
5.5个阿拉斯加州相当于一个美国

充满不同的世界

地球的总面积为 511,000,000 平方千米。那可真的是很多个怀俄明州或者马达加斯加岛——它甚至是美国总面积的 50 倍。为了更好地了解这个巨大的数字，让我们把它分解一下：地球面积的约 70.8% 是水，所以陆地面积应该是大约 150,000,000 平方千米。仍然很巨大？好吧，把它分为 7 个大洲：亚洲、非洲、北美洲、南美洲、南极洲、欧洲和大洋洲。相当于 15 个加拿大，或者 15 个中国，或者 15 个美国——这些国家差不多是同样的大小。还相当于 47 个印度，70 个沙特阿拉伯，或者 250 个伊比利亚半岛……

15 加拿大 或
15 中国 或
15 美国
= 1 个地球陆地

亚洲（44,579,000 平方千米）

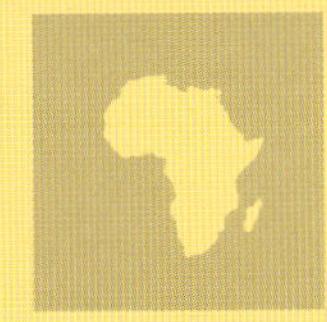

非洲（30,221,530 平方千米）

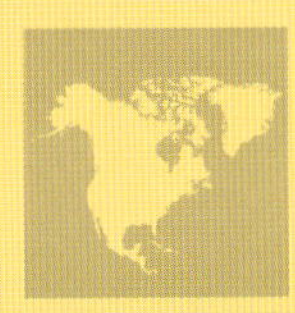

北美洲（24,228,000 平方千米）

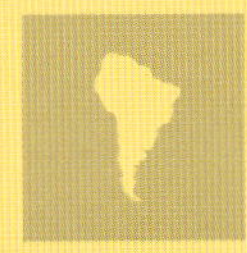

南美洲（17,970,000 平方千米）

南极洲（14,051,000 平方千米）

欧洲（10,160,000 平方千米）

大洋洲（8,970,000 平方千米）

海洋

地球面积的约 70.8% 是水，外太空的参观者如果从太平洋上空看去，甚至会误以为地球表面有更多的水。太平洋辽阔的水面——179,680,000 平方千米——远远大于地球陆地面积的总和。大西洋的面积大概是太平洋的一半，但是仍然大于所有与它接壤的大洲——非洲、欧洲、北美洲和南美洲之和。

其他三个大洋也并不是小水坑：印度洋吞得下非洲和亚洲，南冰洋覆盖住非洲和南美洲还绰绰有余，北冰洋差不多跟南极洲一样大（多么令人愉悦的对称！）。

还剩下一些较小的海洋，从阿拉伯海（大约 1.8 个沙特阿拉伯）到地中海（相当于 3.9 个法国或者 4.2 个伊比利亚半岛），再到加利福尼亚湾（相当于 1.5 个古巴）面积不等。

从国际空间站看到的太平洋

四大洋

- **太平洋** 179,680,000 平方千米。大于地球陆地面积总和——多出大约 30,000,000 平方千米。
- **大西洋** 93,363,000 平方千米。吞得下所有接壤的大洲——非洲、欧洲、北美洲和南美洲。
- **印度洋** 74,920,000 平方千米。相当于非洲和亚洲。
- **北冰洋** 13,100,000 平方千米。约等于南极洲。

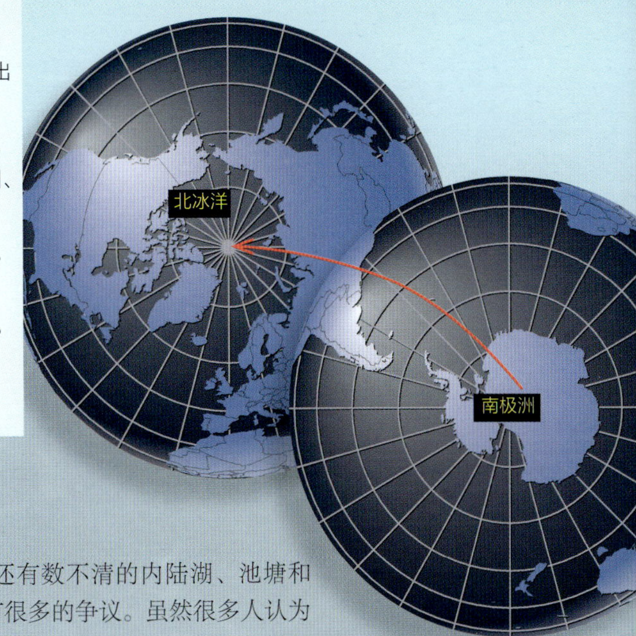

水，到处是水……

除了大海和大洋，地球上还有数不清的内陆湖、池塘和水潭。关于谁是最大的一个，有很多的争议。虽然很多人认为里海是一个湖，但严格来讲，它是一个小海洋，无论怎样，1.5 个怀俄明州的大小无疑使里海成为最大的内陆水体。还有一个有争议的竞争者——密歇根－休伦湖 [密歇根湖借麦基诺（Mackinac）水道与休伦湖相通]，以 0.5 个怀俄明州的面积位居第二，但前提是你认为它是一个独立的水体，否则第二应是苏必利尔湖（1/3 个怀俄明州）。

里海 = 1.5个怀俄明州

湖

- 里海 368,000 平方千米 =1.5 个怀俄明州
- 密歇根－休伦湖 117,400 平方千米 = 0.5 个怀俄明州
- 苏必利尔湖 82,100 平方千米 = 0.3333 个怀俄明州
- 维多利亚湖 69,000 平方千米 = 3.4 个威尔士，恰好大于 1 个斯里兰卡
- 坦噶尼喀湖 32,900 平方千米 = 1.6 个威尔士，大约 2 个斯里兰卡
- 贝加尔湖 31,500 平方千米 = 1.5 个威尔士

只是沙漠吗？

与海洋相反，地球上还有些广阔的地方完全没有水。比如，撒哈拉大沙漠，它是地中海的 3.5 倍，能覆盖 1/3 个非洲。越过红海就是阿拉伯沙漠——刚刚小于 1 个地中海，或者 3 个卡拉哈里沙漠。

然而，这些干燥的地方无法与荒芜的极地冰盖相比，即使后者正在以令人震惊的速度缩小。南极冰盖和北极冰盖（北极冰盖不是连续完整的，由格陵兰冰盖等三个冰盖组成）中的每个独立冰盖覆盖住撒哈拉大沙漠都绰绰有余。

不能只见树木，不见森林

极地冰盖不是地球上唯一正在变小的地方，热带雨林也正因经济利益而被大片砍伐。对热带雨林消减速度的估计有很多表示法，比如每秒 2 个美式橄榄球场或 600 停车位的面积，或者每分钟 30 倍五角大楼的面积。换句话说，我们每年要损失大约 1/4 个怀俄明州的雨林，也许更多。

比较一下它与儿童故事中小熊维尼常去的百英亩（1 英亩约为 4,047 平方米）森林。每一分半钟，同样面积的雨林被夷为平地。

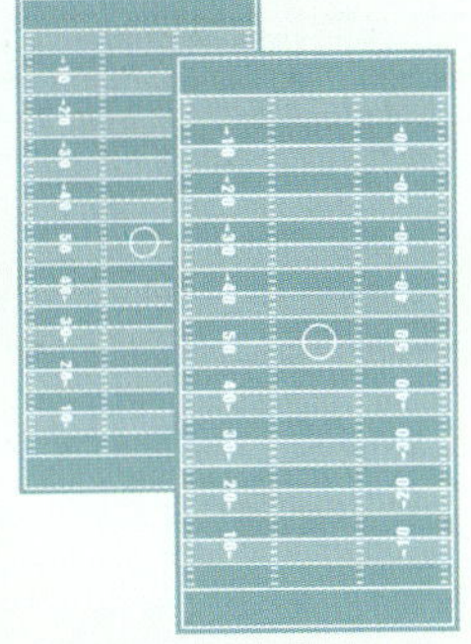

每秒减少2个美式橄榄球场大小的热带雨林

臭氧层空洞

臭氧层又怎样呢？我们都知道那儿有一个洞——但是它到底有多么令人担忧的巨大呢？在 2006 年 9 月它最大的时候，它的平均面积是南极洲的 2 倍，比北美洲要大一点。好消息是它看起来正在慢慢地缩小。

27,453,874平方千米

2006 年 9 月 21 日到 30 日，臭氧层空洞的面积达到观察以来的最大值。

正中红心

如果你环视四周，你能发现各式各样能够用来作为面积参照物的东西——我们的日常用品。比如，一颗衬衫纽扣正好差不多是 1 平方厘米，它在比较较小面积的时候非常实用。还有标准 CD 或者 DVD 的直径大约为 12 厘米，差不多是 113 颗纽扣的面积大小。或者一个平常大小的餐盘，大约是 CD 面积大小的 4 倍。

如果你觉得圆形的面积很难计算，那么你正在读的这页纸怎么样？它大概是 2.5 CDs，或者一个餐盘面积的 60%。或者你更倾向于使用一页 A4 的纸（大约 1.25 个餐盘或者 5.6 CDs）。把 40 页这样的纸并排平铺将覆盖一张双人床，而 160 页则能覆盖 1 个停车位。

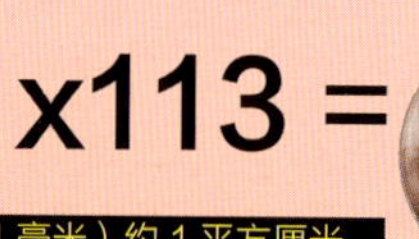

x113 =

衬衫纽扣（直径 11 毫米）约 1 平方厘米

x4=

CD/DVD（直径 120 毫米）约 113.1 平方厘米

餐盘（直径 25 厘米）约 500 平方厘米

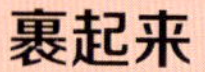

裹起来

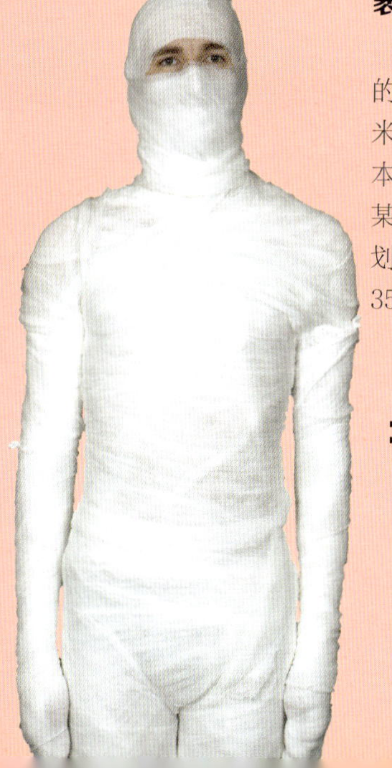

用日常物品作单位使我们更容易理解看起来毫无意义的统计数字。一个成年男子的平均面积大概是 1.75 平方米——那么又怎样？当你知道这跟 28 张 A4 纸（或 62 张本书大小的纸）一样大小，才更有用处，特别是如果为了某种原因你需要用纸把一个人完全地裹起来。如果你在计划一个吃人的聚会（别害怕！这只是一个假想），它将是 35 个餐盘的大小。

=62

=35

多少小精灵能站在一个针头上跳舞?

当涉及微观的面积，针头是一个很好的基准——它的大小大约是一颗衬衫纽扣的 1%。或者你可以说它是一个 12 号的英文黑体句点（.）的 6 倍大小，而这个句点则是人类头发平均横截面的 50 倍大。我们的针头相当于 30,000 个人类红细胞的大小。如果你认为那很小了，那么看看艾滋病毒：5,000 个艾滋病毒才能覆盖 1 个人类红细胞的面积。

所以如果我们假设可以在一个针头上放下 10 个跳舞的小精灵，则她们每个占据了 3,000 个红细胞的大小。

= 30,000

微观面积比较表

- 1 颗衬衫纽扣 = 100 个针头
- 1 个针头 = 6 个 12 号的英文黑体句号（或者 10 个小精灵）
- 1 个 12 号的英文黑体句号 = 50 个人类头发平均横截面
- 1 个人类头发平均横截面 = 100 个人类红细胞
- 1 个人类红细胞 = 5,000 个艾滋病病毒

无穷大和更大

在涉及确实非常小的尺寸时能体现出使用参照物比使用标准测量单位更为实用。千分之一厘米的微小长度还可以令人接受（虽然它不容易表达，打字也不容易），但是当我们谈及类似千分之一平方厘米之类的数字，它真的显得有些累赘。它包括了那么多的零，你写完之后不得不数一数以保证正确。使用国际单位制一样累赘，虽然它有一些很酷的英文前缀，比如 micro（微），nano（纳），pico（皮），和我最喜欢的 zepto（仄）；它听起来像一部马柯思兄弟（20 世纪 30 年代美国喜剧团体）的电影的演员表。

惊涛骇浪

月球表面面积大约是地球表面面积的 1/13.5，并被陨石坑覆盖——其中一些跟针头一样大小，而最大的跟冰岛一样大。它也有海，不过它们其实是些无水的大平原。其中最大的一个——风暴洋，跟阿拉伯海一样大，比美国的一半大一些，或者是 20 个怀俄明州。

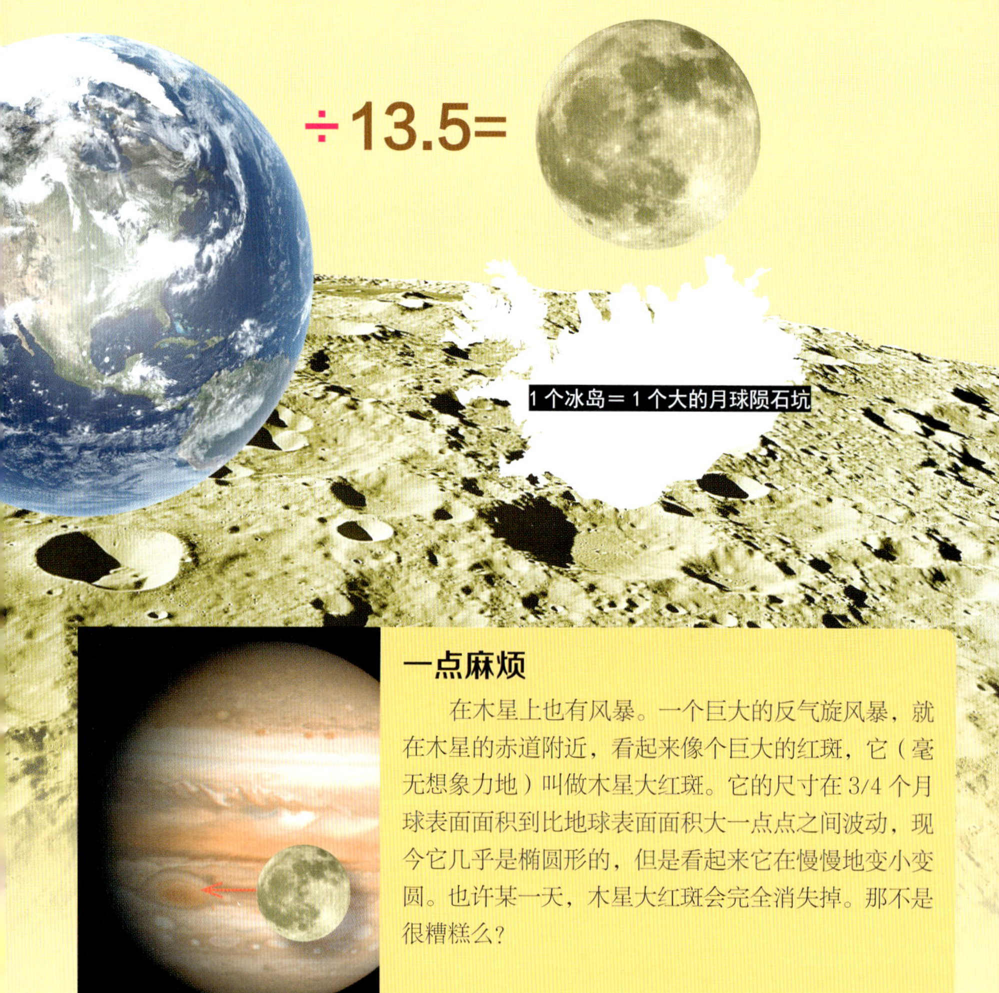

一点麻烦

在木星上也有风暴。一个巨大的反气旋风暴，就在木星的赤道附近，看起来像个巨大的红斑，它（毫无想象力地）叫做木星大红斑。它的尺寸在 3/4 个月球表面面积到比地球表面面积大一点点之间波动，现今它几乎是椭圆形的，但是看起来它在慢慢地变小变圆。也许某一天，木星大红斑会完全消失掉。那不是很糟糕么？

3 高度和深度

山高，水深：因为我们精确地知道自己的身高，或许还清楚熟人的身高，所以我们可以相当精确地估计相似的高度。当涉及高的建筑物或者山的时候，我们通常被告知是多少米，这时，我们就需要一些帮助来直观化这些数字。当涉及深度时更是如此。我们知道当地游泳池的浅水和深水区各有多深，但是大峡谷有多深呢？如果你能找到些熟悉的参照物、一些粗略的单位，那么理解这些深度将容易得多。让我们继续看下去……

建筑物比高低

我们中的大多数人居住在城镇，被各式各样的建筑物所环绕，所以我们自然而然习惯用这些建筑物来思考高度。大多数的城镇有一两个地标建筑——通常是当地最高的那个，在比较时人们容易将它联系起来。就看你在哪儿了，这些地标建筑可能是世界著名的，比如帝国大厦、台北 101 大厦、埃菲尔铁塔或者加拿大国家电视塔，也可能只是一座办公楼。不管它是什么——只有用某种建筑物对它进行比较时，它才具有意义。

另一个用法：建筑物的高度通常用它的层数来形容。虽然其实每个建筑物的层高各不相同，但是当比较时它确实非常实用。作为一个粗略的指标，每层的高度大约是 1.5 MEiff。

越来越高

让我们拿著名的地标建筑——巴黎的埃菲尔铁塔（Eiffel Tower）为例，看一看如何拿它作比较。它高 324 米——如果我们忽略它顶部的天线则是 300 米。为了便于理解，那高度相当于 164 个它的设计师——埃菲尔先生（MEiff）的身高，假设他身材结实，身高 1.83 米。

现在用它来比较一些标志性的建筑物（世界各地不断出现越来越高的建筑，最高排名不断在变化），或者你周围的建筑物，你将能更好地理解高度。

哦，埃菲尔铁塔

- 埃菲尔铁塔，不包括天线：300 米 =164 MEiff =1 Eiffel
- 帝国大厦，不包括天线：378 米 = 207 MEiff=1.3 Eiffels
- 台北 101 大厦：508 米 = 277.6 MEiff = 1.7 Eiffels
- 加拿大国家电视塔：553.3 米 = 302.5 MEiff=1.8 Eiffels
- 哈利法塔：828 米 =453 MEiff=2.75 Eiffels
- 西尔斯大厦，不包括天线：443 米 =242.5 MEiff=1.37 Eiffels
- 上海环球金融中心：492 米 =268.8 MEiff=1.6 Eiffels

景观建筑物的高度

当一个电影制片人想让他的观众知道故事发生在伦敦，他就会用红色公共汽车、伊丽莎白塔或者纳尔逊纪念柱来表明。类似的，如果在纽约他就会用帝国大厦或者自由女神像，而如果在埃及就会用吉萨的大金字塔，如果在里约热内卢就会用科尔柯瓦多山上的基督像。

然而，你并不需要做环球旅行来弄清楚它们到底有多高。用埃菲尔铁塔（Eiffel ）和埃菲尔先生（MEiff）作为参照物和单位，不用离开你的转椅，你就能了解得很清楚。

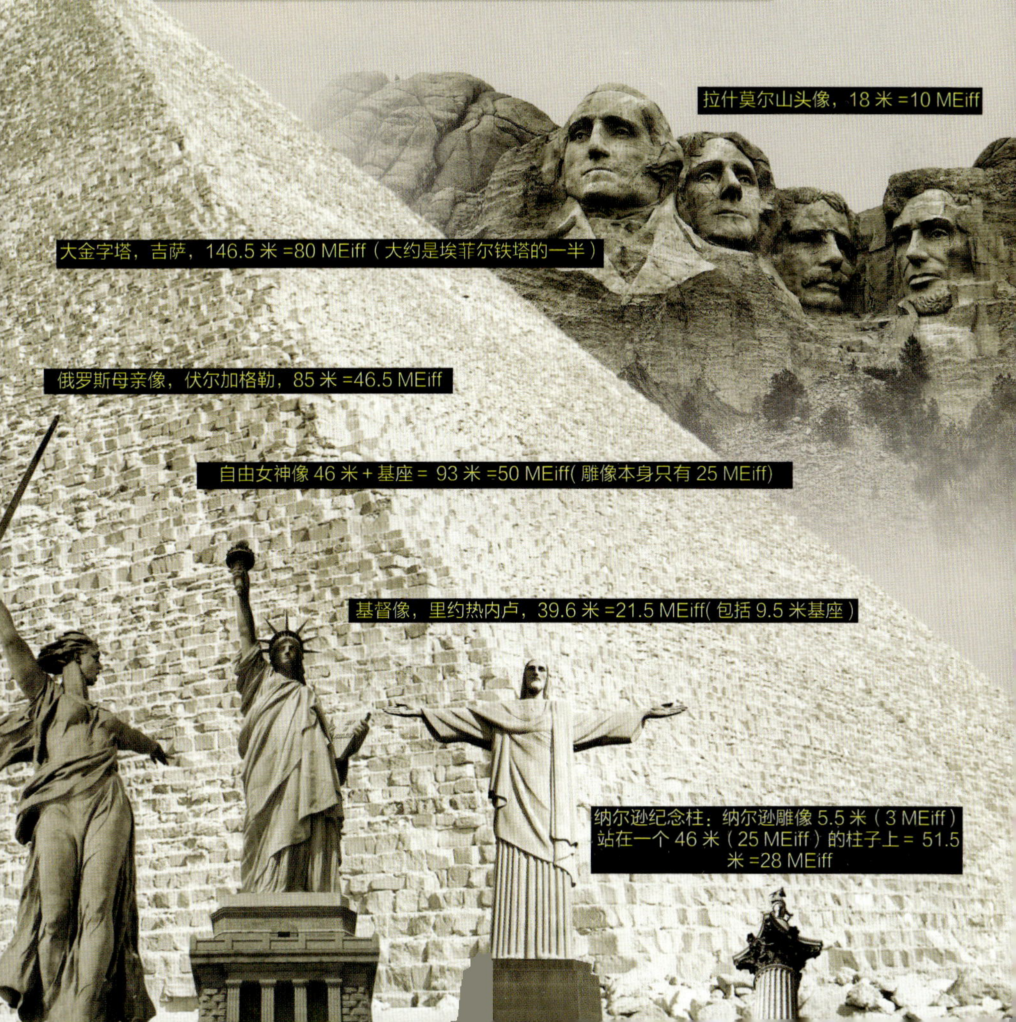

制造波浪

直观看来，像埃菲尔铁塔和哈利法塔（Burj Khalifa, 简称B.K.）这样的建筑物很令人印象深刻——并且用它们来作高度单位也很实用。然而，跟自然界中的高度相比，它们并没有那么壮观。

以波浪为例。当1958年雪崩体在阿拉斯加的利土亚冰川脚下跌入大海的时候，它掀起了高达524米的巨浪——那大约是1.75 Eiffels。

安赫尔瀑布

979米

瀑布

委内瑞拉的安赫尔瀑布，世界上落差最大的瀑布，比哈利法塔高半个埃菲尔铁塔，达到了3.26 Eiffels。事实上，全世界有很多的瀑布值得用埃菲尔铁塔来衡量。可惜的是，尼亚加拉瀑布并不是其中一个。它的最大落差只有50.9米高，埃菲尔铁塔高出了这个瀑布，所以它最好用大约28 MEiff来表示。

哈利法塔

828米

珠穆朗玛峰 8,848.43 米 =29.5 Eiffels/10.7 B.K.
阿空加瓜山 6,962 米 =23.2 Eiffels/8.4 B.K.
麦金利山 6,194 米 =20.6 Eiffels/7.5 B.K.

厄尔布鲁士山 5,642 米 =18.8 Eiffels/6.8 B.K.
勃朗峰 4,807 米 =16 Eiffels/5.8 B.K.
乞力马扎罗山 5,895 米 =19.7 Eiffels/7.2 B.K.

A= 哈利法塔
B= 埃菲尔铁塔
C= 佩特罗尼乌斯石油平台

毛纳基火山从海底 10,203 米 =34 Eiffels/12.3 B.K.

化繁入简

当涉及山峰的时候，埃菲尔铁塔和哈利法塔确实非常实用。对于城市居民，比如纽约和巴黎的居民，在仰望天空时常常能看到很高的建筑物，但是把他们的帝国大厦和埃菲尔铁塔放在地球上的高峰旁边一比，就小巫见大巫了。

喜马拉雅山的珠穆朗玛峰，是海平面上最高的山峰，高 29.5 Eiffels，或者 10.7 哈利法塔（B.K.），但是它有一个对手——夏威夷的毛纳基火山，它的大部分在太平洋的海平面之下。虽然在海平面之上只有 4,207 米或者 14 Eiffels，但从海底算起它足有 34 Eiffels 或者 12.3 哈利法塔高。相比之下，同毛纳基火山相距不远的一处人造建筑物，曾经宣称是世界最高的墨西哥湾的佩特罗尼乌斯石油平台，从平台的顶部到海底只有 2 Eiffels。多么可怜！

利土亚冰川巨浪
524米

埃菲尔铁塔（不包括天线）
300米

公共汽车和动物

虽然我们几乎再也看不到伦敦的双层红色公共汽车，但是仍然习惯用它来作为高度（和长度，请看第 15 页）的参照单位。因为它大约 2.4 个埃菲尔先生（MEiff）的高度，实在是个好用的参照物——也许比现代的大约 1.6 MEiff 的灰狗公共汽车更加实用。

我们用 MEiff 和公共汽车作为参照物，来看一看动物们的高度——我们知道它们挺高的，但是不知道它们究竟有多高。比如长颈鹿，能比一辆伦敦的双层红色公共汽车还高，和一只雄性霸王龙一样能达到 3 MEiff。

成功跳跃：

在第 12 页提到的具有跳远能力的运动健将跳蚤不仅能跳得远，还能跳得高。一只跳蚤能跳得比它的身体高 100 倍；对人类来说这相当于 100 MEiff 高的跳跃，能轻松地跳过吉萨的大金字塔；而一只具备这种能力的霸王龙将能跳过多伦多的加拿大国家电视塔。

树有多高

关于植物存在一个问题，那就是它们在不停地生长。一些树活了几百年，也许几千年，并且仍然在生长，所以很难精确地测量它们，但是对大多数种类的成年树木我们能得出较为合理的大致高度。其他一些植物由于年龄和环境的关系，在尺寸上相去甚远，不可能找出它们的平均高度。

当然，总有一些破纪录的植物，比如加利福尼亚红杉（21 个长颈鹿高），一些种类的竹子（能高达 7 MEiff），巨人柱（8.5 MEiff），及偶然长到 4 MEiff 高的向日葵；或者，在高度的另一极，小到 2.5 厘米的盆景树。

红杉 115.5 米 =21 个长颈鹿

马 1.5 米 =0.8 MEiff

向日葵 7.3 米 =4 MEiff

橡树 40 米 =22 MEiff

巨人柱 15.5 米 =8.5 MEiff

深邃海洋

世界上海洋的深度和高山的高度一样各不相同。事实上，海洋中最深的部分，太平洋的马里亚纳海沟，它的深度跟世界上最高的山峰差不多：在它最深的地方，是大约 1.25 个珠穆朗玛峰。换句话说，如果把珠穆朗玛峰放到马里亚纳海沟里，它的峰顶将比海平面低 7 个 Eiffels。

然而，那只是个极端的例子。太平洋的平均深度只不过是 15.5 Eiffels，而大西洋、印度洋和南冰洋都是平均 13 Eiffels 深。北冰洋平均只有 4 Eiffels 深，它最深的地方可以达到 17 Eiffels。

跟海洋相比，即使是最深的湖泊也不算什么。平均深度大约 2.4 Eiffels 的西伯利亚的贝加尔湖，保持着最深处 5.4 Eiffels 的纪录。

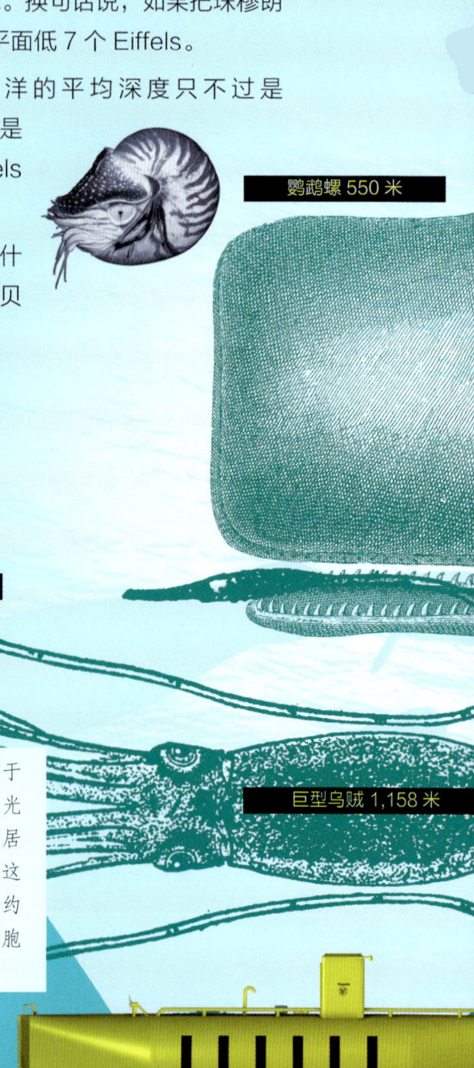

深海琵琶鱼 914 米

幽暗的深处：在海底，水压可大到约相当于 50 架大型飞机叠罗汉对地面的压力，并且太阳光无法穿透那么深，所以，你无法期待有很多生物居住在那儿。令人惊奇的，确实仍然有生物能够在这种深度存活。甚至在马里亚纳海沟的底部，在大约 11 千米的深度，存活着一种叫做有孔虫的单细胞小生物，在相同深度，我们也能发现巨型管虫。

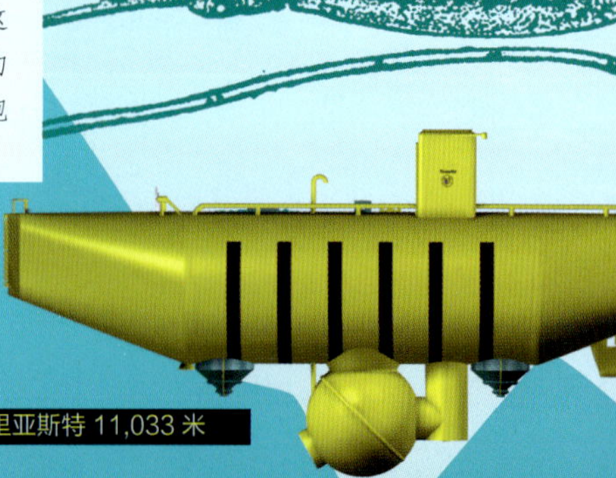

深海探测潜艇迪里亚斯特 11,033 米

人类的潜海成就显得很不起眼：是的，我们已经成功地向海底深处派出过载人的深海探测潜艇，但是只有一次；穿着空气潜水服我们能到达 2.3 Eiffels 的深处，但是最深的水肺潜水纪录刚刚达到 1 Eiffel。

划一下地表

所有关于地球表面最高和最深的地方的讨论都可能有些误导和夸大。跟地球的大小相比，珠穆朗玛峰还不如一个疙瘩的高度，而马里亚纳海沟不过是道抓痕。

6,378 千米

地球的深度

被科罗拉多河从岩石中雕刻出来的著名的科罗拉多大峡谷，深度超过 1.6 千米。有些人认为它是世界上最深的峡谷；而另一些人则认为是中国西藏的雅鲁藏布大峡谷，或者墨西哥奇瓦瓦州的铜峡谷。既然它们仍处在争议中，那么让我们假设它们是相同的深度——大约 1,000 MEiff，或者 6.1 Eiffels。

6.1 Eiffels ＝1 大峡谷

死海：虽然只有一个埃菲尔铁塔的深度，死海（或者盐海——那不重要，因为它其实是个湖）依然出名，这源于它的海岸是世界上陆地的最低点：低于海平面 1.4 Eiffels。

在地下，水腐蚀掉了岩石，形成了岩洞和隧道。它们中最深的，比如佐治亚州的阿布哈兹的岩洞群，从入口到地底能够达到 7 Eiffels，甚至深过了大峡谷。

地表深度

从地质学上讲，没有任何一个自然的或人造的洞能够达到穿越地壳的深度。迄今，我们还不能到达地壳之下，它的厚度从 0.6 到 8 个珠穆朗玛峰不等。并且即使我们穿过地壳，距离到达地心还有更遥远的路程（抱歉，儒勒·凡尔纳*）。

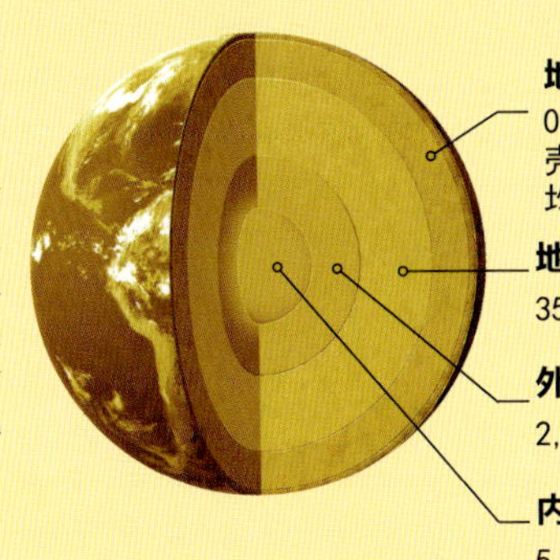

* 儒勒·凡尔纳的代表作之一为科幻小说《地心游记》。

向深处挖掘

看起来我们很热衷于挖洞，不只是在花园里挖土，或者在道路下埋管道，而且也在更大的应用层面上，似乎越大越好。这种原始的挖掘冲动使我们收获颇多，比如英吉利海峡隧道，连接了英国和法国，低于海平面 17 个伦敦红色双层公共汽车的高度。然而，它绝不是最深的隧道，这个荣誉归于挪威的埃克森德隧道，在最低点，它几乎低于海平面一个埃菲尔铁塔的高度。

我们为了采矿，也能挖到非凡的深度。南非的矿洞能够达到 130 Eiffels 的深度，在犹他州的宾厄姆峡谷的一个露天矿井，深度达到了 4 Eiffels。而钻井的纪录保持者，是位于俄国北部的名字极为贴切的科拉超深钻孔。在 1989 年，那儿的科学家向地壳钻了 1.4 个珠穆朗玛峰的深度。为什么？我猜，只是因为我们喜欢挖洞。

越飞越高

当你抬起头看向天空中的喷气式飞机时，会觉得它非常高，当然，它确实是——大部分客机能飞到离地面 9.144 千米的高度。那个高度意味着，我们可以在比珠穆朗玛峰高出 1 个埃菲尔铁塔高度的地方去俯视它。虽然那是大多数人能够感受到的最高的高度，但是如果你把它转换为地面上的距离，那数据并不是那么惊人：不过是大约 9.14 千米，甚至不到马拉松赛程的 1/4。

螺旋桨飞机和热气球就飞不了那么高，会撞上珠穆朗玛峰的半山腰。充气气球才是高空飞翔者。载人的充气气球曾经到达过近乎 4 倍珠穆朗玛峰高度的平流层，而无人的气象气球则能到达 6 倍珠穆朗玛峰高度的地方。

在高高的地球上方：让我们换个角度。如果不是从纽约飞到洛杉矶，而是竖直向上飞行相同的距离，它将能够进入地球大气层中 14 倍于国际空间站所处高度的地方。然而，它不得不再飞行 8 倍相同的距离才能到达围绕地球的静止轨道卫星所在的高度。

气象气球（无人）= 53 千米

充气气球（载人）= 34.7 千米

喷气式飞机 = 9.14 千米

热气球 = 6,096 米

螺旋桨飞机 = 6,096 米

10千米

4 重量、质量和密度

不必担心：有很多的日常物品我们几乎本能地知道它的重量。我们能猜出一块儿蛋糕的重量是因为我们已经习惯于掂起固定重量的一包糖或者面粉。我们也很擅长判断人的重量，因为我们清楚地知道自己的重量。所以，这些参照物能使我们衡量较大或较小的东西变得容易。我们可以用它们来作为衡量我们不确定的东西的参照。非常简单，至少相对的简单。

（注：这部分及书中其他处提到的大多数“重量”一词，规范来说应称为“质量”。但由于人们生活中习惯于使用“重量”表示质量，所以书中予以保留。）

无名氏

很多重量的测量从非常实用的单位演变而来：几麻袋粮食，几袋水泥等。如今，很少人需要经常扛起几袋水泥，所以我们更倾向于使用自己的体重。除去极胖和极瘦的，我们可以假设一个成年男子的平均体重大约为 80 千克——让我们叫它一个无名氏（J.D.），这是一个比较重量的好参照。

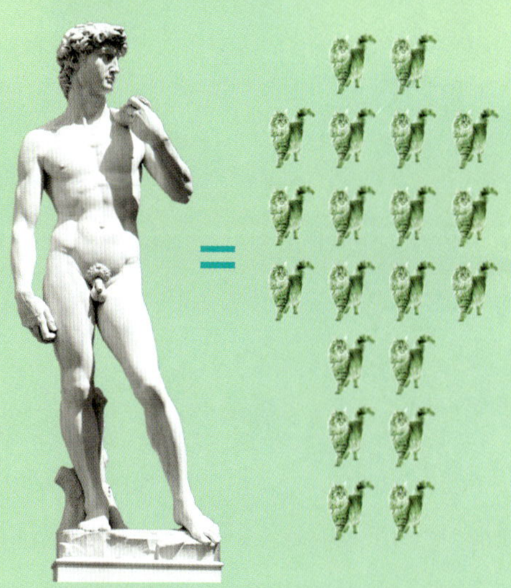

磅和千克：这些单位可能会使你迷惑，所以一个比较较轻物体的单位会很有用。我们不用费力地寻找适合的单位——一只普通大小的公猫就很实用。事实上，一个无名氏大概有 20 只公猫（Tom 或者 T.C.）重。

很快你将以新的角度看待重量，并且会问到“多少个那个东西有一只公猫重”或者“那有多少个无名氏重”。

多少只大象相当于一只蓝鲸的重量？

用无名氏和公猫来给出参照，我们可以更好地了解不那么熟悉的动物。比如，侏儒鼩，它是那么的小，1,980 只它才等重于一只公猫。而在这个范围的另一端，则是大象。人们惊讶地谈到很重的东西时经常与大象相比，这并不是一个愚蠢的想法。一只成年非洲象大约重 75 J.D.，所以对我们来说它是一个不错的重量单位。用它我们可以开始衡量一些真正的巨兽，比如蓝鲸，它重达 25 只大象。

101 只斑点狗：狗也许是完美的宠物和工作动物，但是作为衡量单位它们没什么用处。问题在于从吉娃娃到大丹犬，它们的体型和重量相差过大。比如斑点狗，一只成年的斑点狗可能等重于 4~8 只公猫。如果我们取平均值 6 只公猫，我们就可以粗略地算出 101 只斑点狗总共重 606 只公猫，大约 30 个无名氏，或者 3 只母牛——大概相当于 1 只成年河马。

25 只大象等重于1只蓝鲸

1只猛犸象等重于2只大象/28匹马

多少只考拉相当于一个相扑选手的重量?

使用我们已经选出的一些重量单位——无名氏(成年男子的平均体重)和公猫(成年猫的平均体重)——我们可以开始来理解不那么寻常的事物。比如说,一个职业相扑选手体重大约是 160 千克。但是直到你了解那大概是 2 个无名氏时那数据才有了意义。

到目前为止,这种比较显得有点儿无趣——但是记住一个无名氏等重于 20 只公猫,所以按推算我们的相扑选手是 40 只公猫的重量。现在,将这数据跟其他动物,比如考拉相联系怎么样?一旦我们知道 1 只考拉与 2.5 只公猫一样重,我们就可以进行简单的数学运算:

1 个相扑选手 = 40 只公猫

1 只考拉 =2.5 只公猫

↓ 40 ÷ 2.5=16

1 个相扑选手 = 16 只考拉

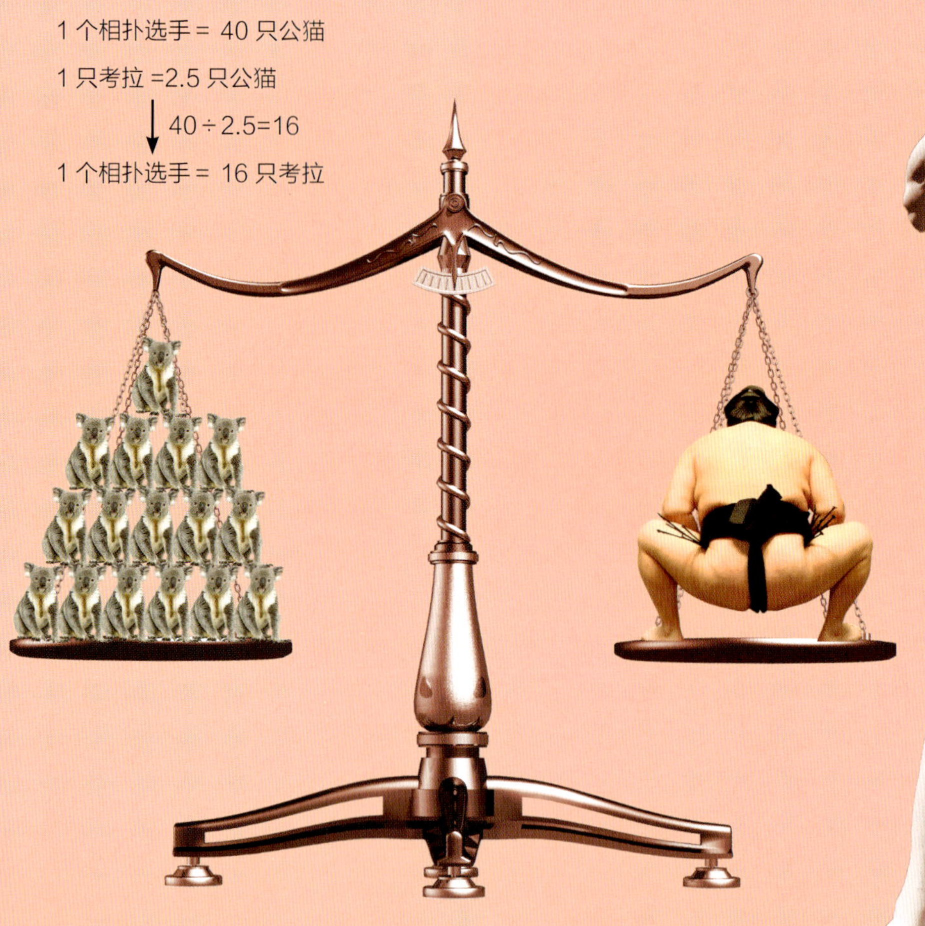

大脑

大小或重量并不代表一切，有智商才算数。智人因为他相对较大的大脑（1.3~1.4 千克）而得名——但是拿他跟其他物种相比又怎样呢?

我们的近亲黑猩猩很聪明，但是它们的脑子也并不大。它们的大脑重量大概只有我们的 1/3，只比母牛或驴的大一点点。

然而，黑猩猩大脑的重量还不到它体重的 1%：跟猪或马的比例一样。令人吃惊的是，非洲象的大脑重量足足是人类大脑的 4 倍。也许那就是为什么它们从不忘事儿。

让我们来跟梁龙比一比。这种恐龙大脑的重量只是它庞大体重 11,700 千克的 0.004%，即 50 克，只不过是家猫脑重的 2 倍。

甚至最聪明的鸟类也是同样情况，比如猫头鹰的大脑也只是我们的 1/600。

一点真理

跳蚤，因为它们的天性，不容易称量。它们在尺寸上也各不相同，但是所有估量的平均值告诉我们它的重量大概是 0.1 克。或者，更易于理解，10 只跳蚤恰好等重于 1 个图钉。你认为那很小吗？那么一粒砂如何？同样，我们这里谈论的是平均重量。那么，10 粒中等大小的砂才是 1 只跳蚤的重量。

1 只跳蚤 = 10粒砂

1 粒砂 = 10,000,000~100,000,000 个细菌

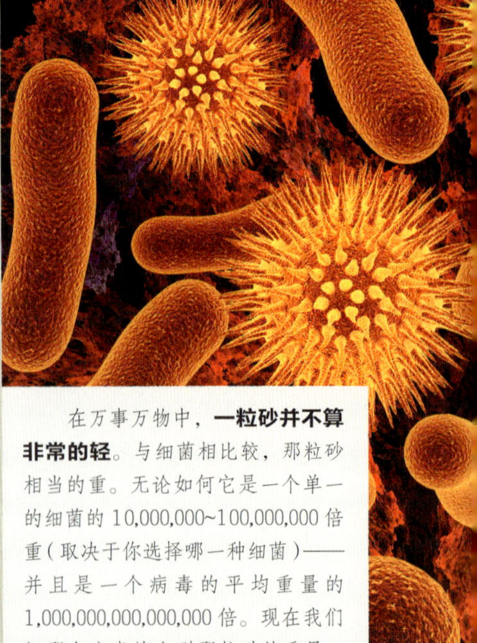

在万事万物中，**一粒砂并不算非常的轻**。与细菌相比较，那粒砂相当的重。无论如何它是一个单一的细菌的 10,000,000~100,000,000 倍重（取决于你选择哪一种细菌）——并且是一个病毒的平均重量的 1,000,000,000,000,000 倍。现在我们把那个病毒放大到那粒砂的重量，那么那粒砂将重达 10,000,000 吨。

1 粒砂 = 1,000,000,000,000,000 个病毒

1 个病毒 = 100,000

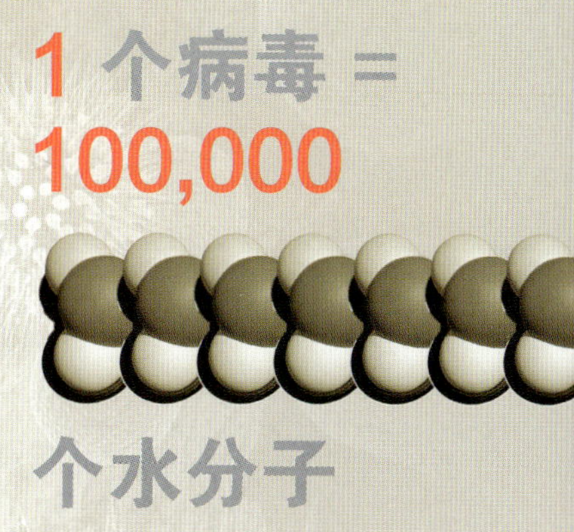

个水分子

像它一样轻

在微观的层面上，重量变得令人难以置信的微小。那么小以致科学家多次争论中微子（一种非常小的基本粒子）是否具有重量（显然它有，但只是刚刚有）。

我们以水分子（它的重量是病毒平均重量的1/100,000）为单位，来观察小到不可置信的重量。一个氢原子大概是一个水分子的1/18，并且是它自己的电子重量的1,800倍。

真令人好奇，科学家是如何称量这些东西的！

汽车的重量

就像我们用停车位来帮助我们想象长度和面积，我们也可以用汽车的平均重量作为重量单位。如今，汽车在形状和尺寸上各不相同，从环保的城市小型车到耗油的 4 × 4 越野车，但是如果我们取一辆普通的家庭车为例，它大概重 25 个无名氏。

其他类型的车辆又有多重呢？比如说，伦敦红色双层公共汽车。凑巧，1 辆双层公共汽车跟 1 辆 10 吨的卡车一样重，相当于 5 辆家庭车，或者 125 个无名氏；而一辆美国灰狗公共汽车更重一些，大概相当于 7 辆家庭车，或者 2.35 只大象。比较一下坦克，它能达到 20 辆家庭车的重量——几乎是蓝鲸重量的 1/4。

比飞机更重

当衡量真的很重的东西时，我们会用大象和蓝鲸作单位，比如说客机、邮轮和超级油轮。大型飞机常常被用来衡量特别重的东西，但是它仍使我们困惑——除非我们知道我们在特指一个满载的早期型号的波音 747，它差不多相当于 60 只大象（或者 2.4 只蓝鲸）的重量。不管怎样，如今在大型客机的重量方面，相当于 100 只大象的空客 A380 是佼佼者。

用轮船衡量其他重物非常好用，尤其是在满载的时候。泰坦尼克号（在它沉没前）大约是蓝鲸重量的 300 倍，而一艘现代超级油轮在满载的情况下，总重能够超过 1,660 只蓝鲸，甚至还要多。

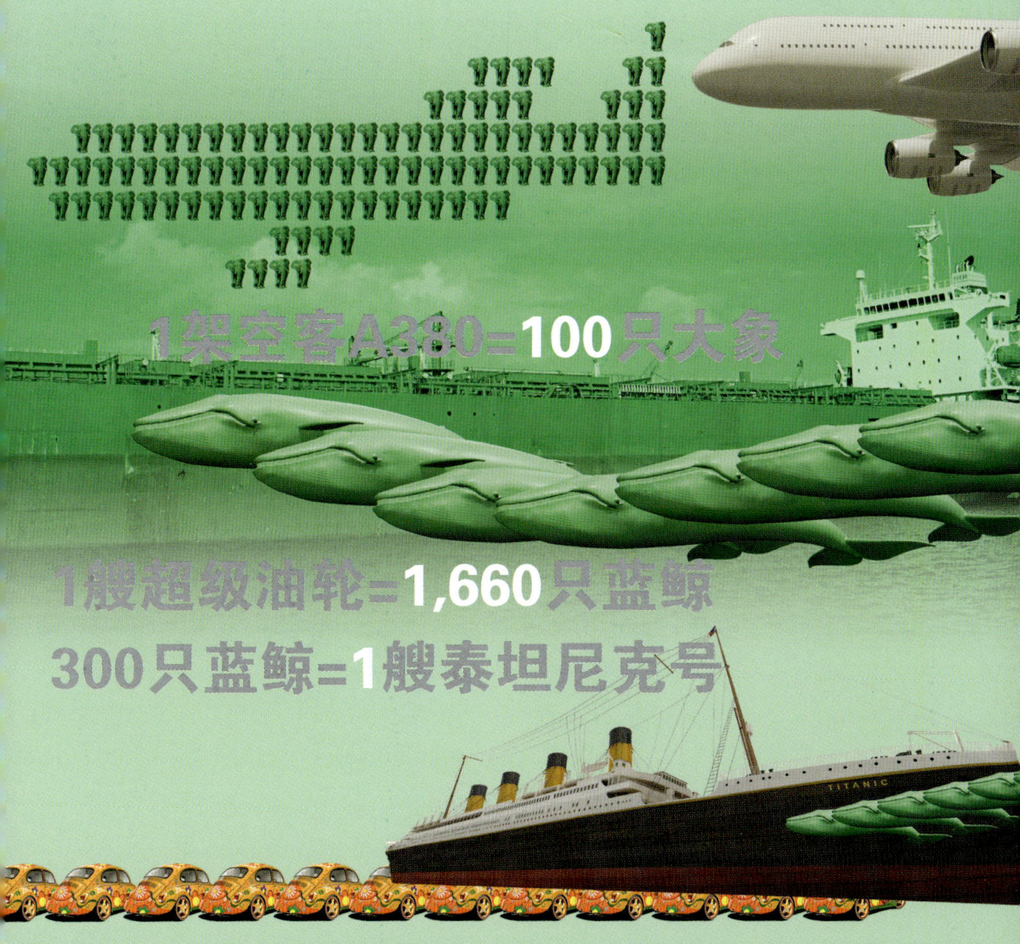

重力问题

科学家不喜欢使用“重量”这个词。不是因为他们对自己的体重过于敏感，而是因为“重量”这个词除了被人们习惯上用来指质量，它还被用来表示物体受到的重力的大小，而此时它会因物体在宇宙中所处的不同位置而变化。他们倾向于使用更规范的词“质量”和“重力”。

对大多数人来说，这种区别相当难于理解——但是它是基本的重力问题。

宇航员必须忍受失重：然而，当他们摆脱地球引力的束缚，他们仍然保持相同的质量。虽然，在月球上，他们会轻一些（质量仍然不变）。但是，如果他们站在太阳表面上（不推荐这个做法，我们只是理论上讨论），他们将比在地球上重 30 倍，而他们的质量仍然不变。

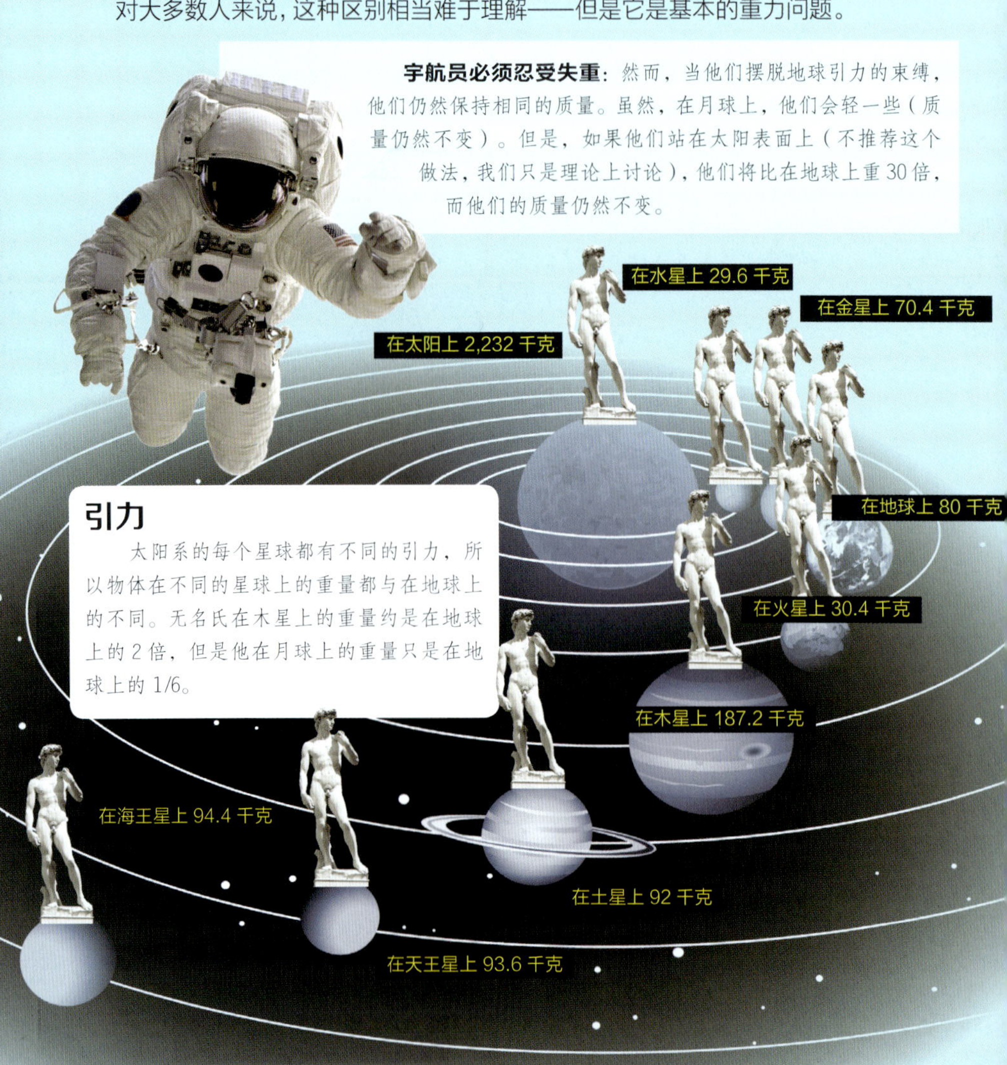

引力

太阳系的每个星球都有不同的引力，所以物体在不同的星球上的重量都与在地球上的不同。无名氏在木星上的重量约是在地球上的 2 倍，但是他在月球上的重量只是在地球上的 1/6。

失重

不只是在空间中你的重量会变化。地球引力在赤道比在极点要弱 0.05%。它看起来不多，但是在极点的无名氏（80 千克）将比在巴西的马卡帕的无名氏轻 40 克。离地球表面越远，就变得越轻，大概每 10.7 千米轻 0.5%。在珠穆朗玛峰顶，无名氏将比在海平面上轻 355 克，或者在一架飞行在 10,688 米高空的飞机上，他将轻 400 克。

用黄金衡量它的重量

就像你不能凭封面判断一本书一样，你也不能只凭眼睛看就说出东西有多重。尺寸并非衡量重量的可靠指标，就像任何送货员会告诉你的：拿起一小包铅块，它会沉得让你吃惊；然而一大盒蛋糕几乎没什么重量。

这是关于密度的问题。不同的材料有不同的密度，使得它们或轻或重。1 千克的软木与 1 千克的黄金重量完全一样，但是软木需要占据更大的空间，因为黄金比软木致密得多。事实上，1 千克软木的体积是 1 千克黄金的 77 倍。

密度：我们通常会用水的密度来做比较。在实际应用中，通常看物体是否能够浮在水面并且能浮多高或者沉得有多快。冰能够漂浮（一个冰山只有 1/10 能够露出水面），因为它没有水密度大，铅块的密度是水的 11.3 倍，所以它将沉没。

重物

星球很大，也很重。令人吃惊的是我们的小星球——地球，虽然按质量只排太阳系的第五，却是其中最致密的一个。然而，它仍然无法与黑洞的密度相比。黑洞的密度是如此之大，一个跟地球有相同质量的黑洞，它的尺寸将只有一粒豌豆（直径大约 8 毫米）那么大。

5

体积和存储容量

沧海一粟：统计学常常令人困惑，而关于体积和容量的统计更加令人困惑——单位为立方米的数据不容易使人理解。1 立方米对很多人来说仍然是神秘的事物。毫升和升对于我们来说容易理解得多，因为我们常常接触以这些为单位包装的牛奶、饮料等。但是当涉及稍微大一些的体积，我们就较难理解，比如我们往汽车的油箱里加了多少油。当涉及测量一些较大的物体比如仓库的体积，我们就更加困惑，所以我们需要一些参照单位来帮助理解。

流体

在日常应用中，体积通常意味着“多少液体”。固体物品更倾向于按照重量衡量和出售，但是我们以毫升和升为单位购买饮料和汽油。酒徒们对这些单位掌握得很好（虽然常喝咖啡的人有时候会被中杯、大杯、特大杯弄迷惑），所以，我们已经有了很好的关于体积的参照单位。

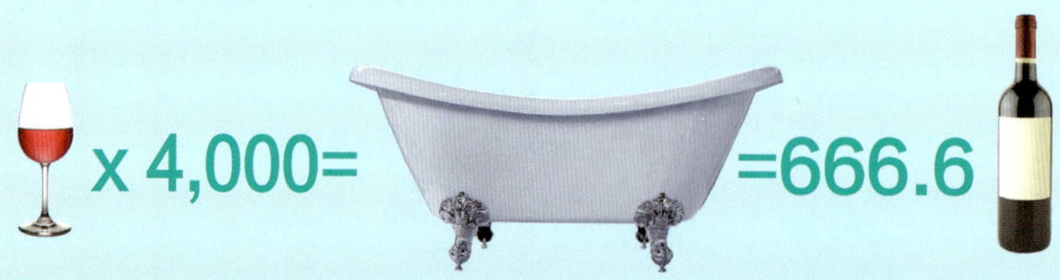

“杯”是常用的但是有大有小的厨房用衡量单位：在不同的国家它代表的体积不同。我们可以认为 1 杯是 250 毫升。你也许更情愿把它等于 2 杯（普通大小的酒杯）葡萄酒，假设 1 瓶能倒出 6 杯的话。所以，让我们用它来衡量更大一些的体积——比如一个浴缸，它能装得下 4,000 杯葡萄酒（Wglass），或者 666.6 瓶葡萄酒（Wbot）。

奥运会标准游泳池：媒体常常使用它来形容非常大的体积。那是个不错的想象，但是并不能使我们知道更多，直到我们知道奥运会标准游泳池（Opool）的体积相当于 5,000 个浴缸（Btub），或者 2,000 万杯葡萄酒（Wglass）。算一下吧。

= 20,000,000

= 5,000

节省空间

衡量液体的体积是一回事儿，然而把这种测量方式转换为房间、大厅和建筑物的尺寸是另一回事。为了做这个转换，让我们使用浴缸为基础单位：把 4 个浴缸合在一起，就相当于一个电话亭（不记得了吗？想一想超人）的体积；或者一个家庭轿车内部的平均体积，等于大约 7 个浴缸。从这时起，测量一个房间就简单了，一间高 1.5 MEiff，面积为 6 张双人床的房间体积约为 80 个浴缸，或者 20 个电话亭（Pbooth）。一个奥运会标准游泳池装得下约 62.5 个这样的房间。

像别墅一样大。孩子们通常会说出有趣的事情。由于无法做出更好的比较，他们会说难以置信的绿巨人"像座漂亮别墅一样大"。也许那并不是一个愚蠢的比较：孩子们常画的漂亮别墅，体积大约为 0.4 个奥运会标准游泳池。事实上，它对我们衡量其他建筑物非常有帮助。

 x 200 = 1 个泰姬陵

纽约中央车站的主大堂：它跟 177.5 座别墅一样大。还有泰姬陵（200 座别墅），它很巧地跟沙特尔大教堂的体积一模一样。

不要忘记甲壳虫乐队那首被常年传唱的歌："总共要多少个坑才能填满阿尔伯特音乐大厅？"那个大厅的体积相当于 100 座别墅（参见第 70 页）。

装载能力

由于对标准化不同寻常的敏感，用来运输和储存货物的集装箱尺寸十分固定。这样就可以用集装箱为单位而不会过于不着边际。国际货运集装箱有三个尺寸标准：6 米、9 米和 12 米，数据均指其的长度。为了弄得简单些，基础单位是最小的那种（6 米）的体积，称为一个等量单位（T.E.U.），约为 43 立方米。但是对我们来说，我们就简单地叫它集装箱——它相当于 21.5 个电话亭的体积。

1个集装箱装得下21.5个电话亭

1 艘集装箱船的装载能力：这常被 T.E.U. 所表示，即它能装载的集装箱的数量。它能装载 10,000 个集装箱，大约等于 172 个奥运会标准游泳池。这样子的话，我们很容易比较一艘超级油轮的装载能力，它装得下体积为 200 个奥运会标准游泳池的油。

1艘集装箱船能装载10,000个集装箱

1艘超级油轮相当于200个奥运会标准游泳池的容积

1个油箱装得下75瓶葡萄酒

庞大的消耗

当你在加油站加油的时候，你会看着数字跳跃，直到你需要的量为止。由于价格上涨，我们通常会加固定金额的油，而且并不清楚所加的油到底是多少。下次加油的时候看一下，并用葡萄酒瓶来想象一下。你会大吃一惊。一个普通尺寸的油箱能装下大约75瓶葡萄酒。

将这个数字乘以你每年加油的次数，再乘以路上车辆的数目，我们突然得到了一个巨大的数字。我们消耗燃油的数量非常巨大：美国一个四口之家每年要用掉275箱油。所以燃油的日产量以百万桶作为基本单位（1桶比3箱油略少）。

饮用水的问题

在很多发达国家，饮用水是相当理所当然的存在。打开水龙头，它就在那里。我们讲花钱如流水，好像认为水可以无止境地供应。甚至在世界最干旱的大陆——澳大利亚，水的使用量也是惊人的，每天每人要用掉超过 650 瓶葡萄酒的量。在美国这数字更高，达到每日人均 765 Wbot。

然而，在世界上的其他国家或地区，水是更为珍贵的资源。在中国水的消耗量仅为美国的 1/6，而平均一个美国人的水的消耗量等于非洲部分地区 33 个人的消耗量。

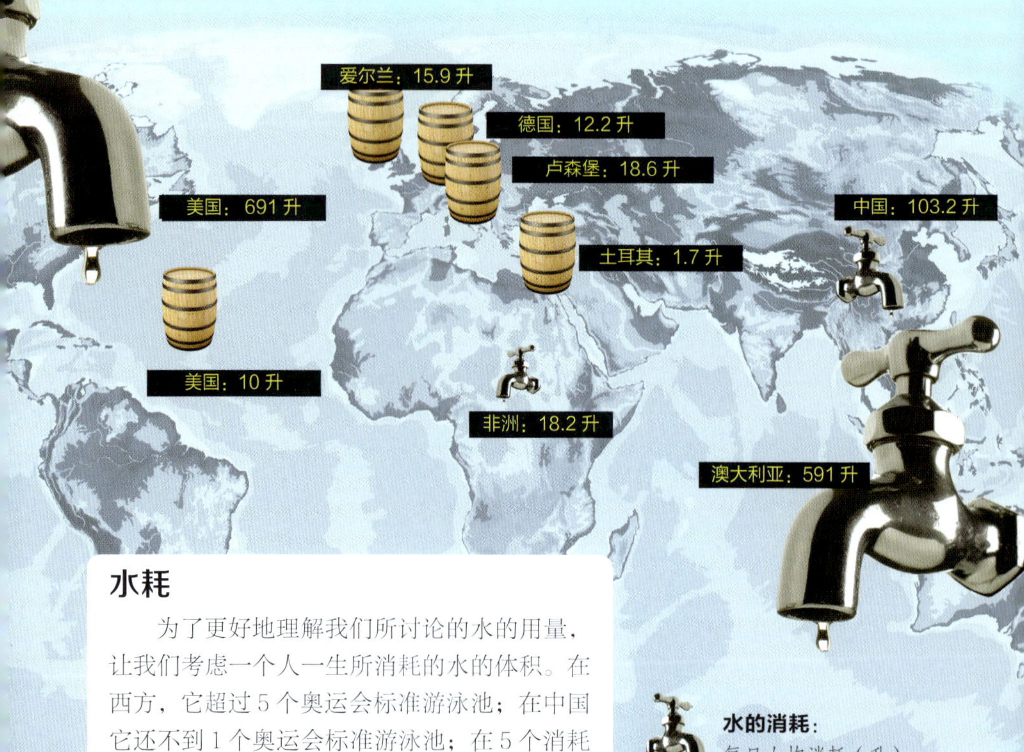

水耗

为了更好地理解我们所讨论的水的用量，让我们考虑一个人一生所消耗的水的体积。在西方，它超过 5 个奥运会标准游泳池；在中国它还不到 1 个奥运会标准游泳池；在 5 个消耗水最少的国家——莫桑比克、卢旺达、海地、埃塞俄比亚和乌干达，它最多为 0.15 个奥运会标准游泳池——1 天少于 20 瓶葡萄酒的量。

水的消耗：
每日人均消耗（升）

酒的消耗：
每年人均(成人)消耗 （升）

打败它

在澳大利亚，对于较大的液体体积他们有一个独创的单位：sydharb——悉尼海港中的水的大概体积。在应用中，它被假设为 500 吉升（对你我来说，那是 200,000 个奥运会标准游泳池的容积）。

悉尼海港帮助我们了解澳大利亚对液体的消耗量。他们每年要用掉 7.65 个悉尼海港（1,530,000 个奥运会标准游泳池的容积——我们可称为 150 万 Opools）的水。而他们传奇的啤酒消耗量：事实上令人失望——每年只有 935.5 个 Opools（这需要约 200 年的积累才能达到一个悉尼海港）。

1个悉尼海港能容下
15,115,151,500,000杯啤酒

与滴酒不沾的人无关

水不是我们大量消耗的唯一液体。我们也消耗令人吃惊的酒精——至少是我们中的一些人。正如你所料想的，中东和北非（主要是伊斯兰国家）对酒精消耗的相对较少，但是在北美，平均每年每个成人要喝掉相当于 11.3 Wbot 的纯酒精。那听起来并不多，但是它相当于 95 瓶葡萄酒的酒精含量。

在欧洲这个数字甚至更高，平均每年每个成人要消耗掉 13.3 Wbot 的纯酒精，相当于 111 瓶葡萄酒的酒精含量；最能喝的显然是卢森堡人，每年人均消耗掉相当于 172 瓶葡萄酒的酒精含量。

然而当谈论到啤酒的消耗，卢森堡人就跌出了名单。痛饮啤酒的冠军归于捷克，它的市民每年人均消耗掉壮观的 210 Wbot 的啤酒——比 1.5 个浴缸少不了多少。

水，水，到处都是

地球上有很多水，大部分在海洋里，还有相当一部分在湖、池塘和河里。事实上，它们的数量如此庞大，像奥运会标准游泳池这样的单位显得力不从心——那数字仍然会达到好几亿。甚至悉尼海港对于形容某些最大的水体来说也显得过小，你会看到大多这类数据会以立方千米为单位。

所以，让我们从相对较小的数据开始。苏必利尔湖体积大概为11,600 立方千米，或者 23,000 sydharbs。逐渐扩大规模，西伯利亚的贝加尔湖的体积大概是它的 2 倍，而里海相当于 6.75 个苏必利尔湖的体积（超过 150,000 sydharbs）。

到现在为止，一切都很好。然而，谈及海的体积，甚至是以 sydharb 为单位。数字也会长得读起来像电话号码。印度洋（584,262,000 sydharbs）用 25,000 个苏必利尔湖或 3,735 个里海来比较更加容易；大西洋则是 30,000 个苏必利尔湖或 4,500 个里海；太平洋是 8,580 个里海或者大概 2 个大西洋。那比 1,342,096,000 sydharbs 更直观，不是吗！

尼亚加拉瀑布 = 12,000

顺其自然

不要忘记流入湖、海的河流。每天有很多的水流入它们。要直观了解到底有多少，让我们简单选取一条河流的蔚为壮观的点：尼亚加拉瀑布。每秒平均有 12,000 浴缸（6,000 立方米）的水从这里跌落。让我们继续关于浴室的比较，那是跟 43,225,000 次淋浴同样流量的水——或者 200 万次马桶持续的冲水。

2,000,000 次马桶冲水或 43,225,000 次淋浴

维多利亚瀑布每秒流水 1,000 立方米，相当于 333,000 次马桶冲水或者 7,200,000 次淋浴。

大火球

计算球体的体积不那么容易（计算球体体积的公式为 $S=4\pi r^3/3$。好吧，也许它不是那么难，但是为了比较我们通常只做简单的计算），通过观察它们的相对直径或者表面面积来比较球体的体积是非常困难的。拿出两个球，其中一个的直径是另一个的 3 倍，你或许会认为它的体积也是另一个的 3 倍——但是那显然是错误的。如果你不相信，那么自己去算一算吧。

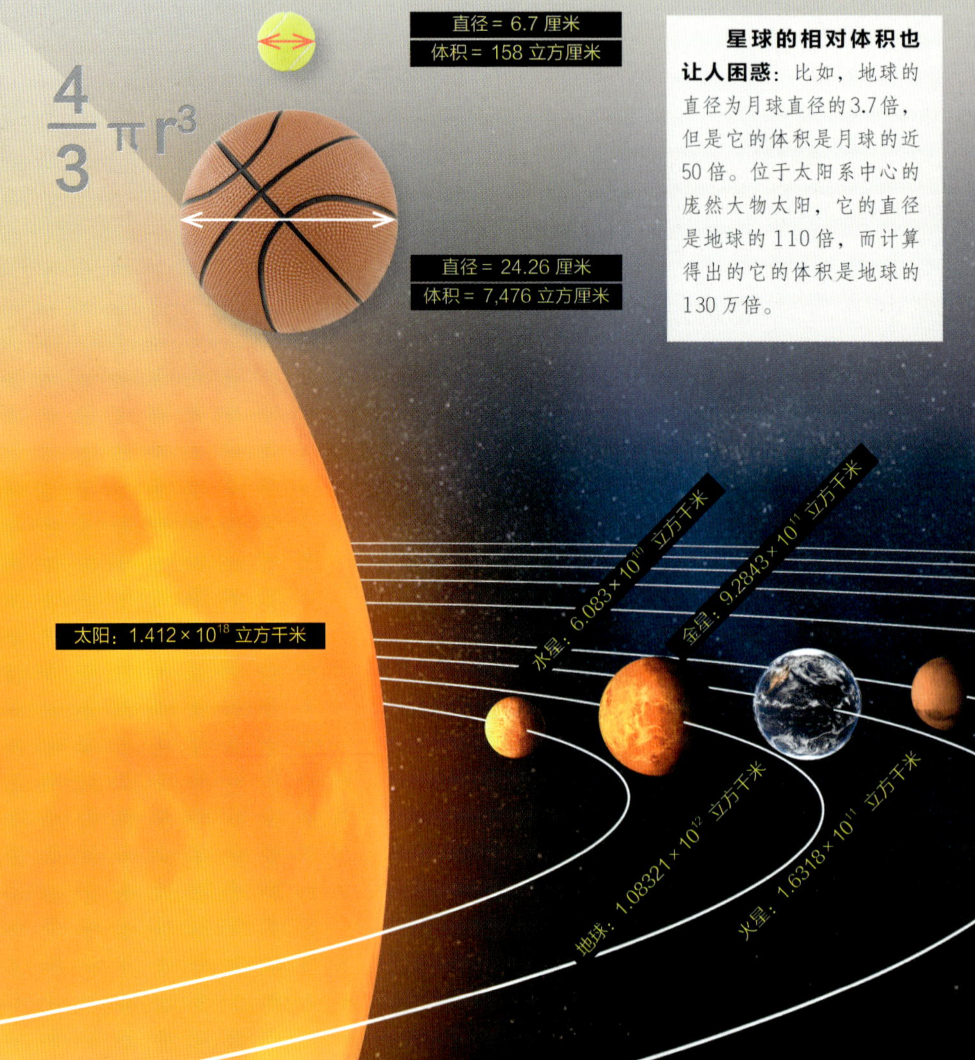

星球的相对体积也让人困惑：比如，地球的直径为月球直径的3.7倍，但是它的体积是月球的近50倍。位于太阳系中心的庞然大物太阳，它的直径是地球的110倍，而计算得出的它的体积是地球的130万倍。

有一个球

如果星球不是圆的，那么想象它们的体积就会容易得多。以地球为例：如果我们像挤压一块儿泥巴一样把它压成立方体，我们会得到一个边长为10,270千米的立方体——它的边长大概是尼罗河长的1.5倍。这个立方体形状的地球还能帮助我们想象海洋的大小。太平洋将能装进一个边长为875千米的巨大箱子里；把它放进立方体的地球你能看出它与地球的体积相比是多么的渺小，虽然它占据地球表面积的比例较大。

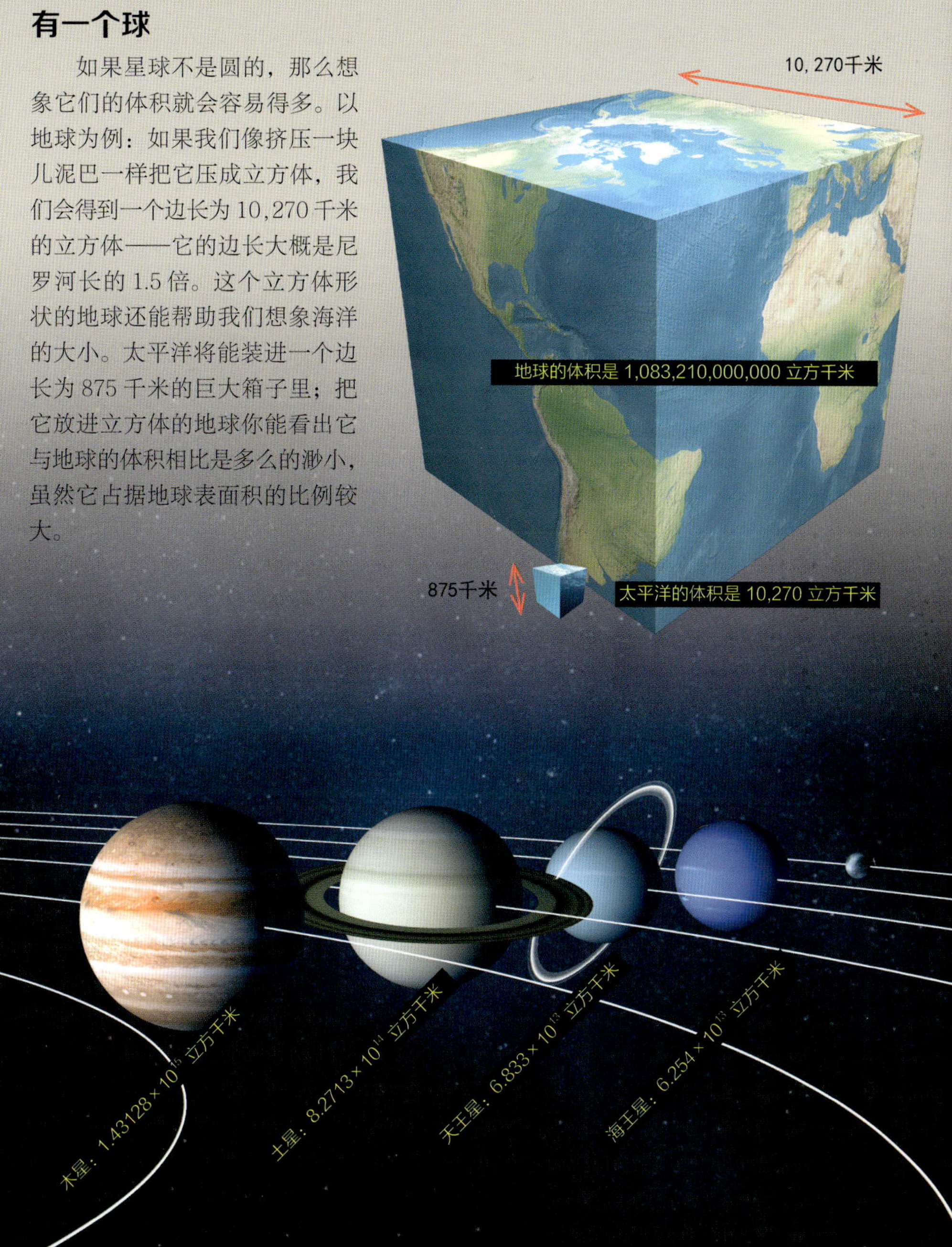

对于信息

现在拥有一些电子产品相当普遍，我们经常看到“内存”这个词语，但是我们对它却漠不关心，我们并不清楚兆字节（MB）和吉字节（GB）到底是什么意思（1 GB=1,024 MB）。

在电脑出现之前，信息被储存在书本里——一本书能够包含很多信息。《大不列颠百科全书》曾经记载了全部人类知识中相当大的一部分，把它转变为电子文档，差不多相当于 300 MB，你可以轻松地在一张 CD 光盘里拷下 2 份。如果我们设定一本《圣经》的电子文档大约 4.3 MB（跟一首 mp3 格式的歌曲差不多大小），那么一张 CD 光盘可以拷下 150 份。

x150=

一张 DVD 光盘的容量如何？ 令人吃惊，它能够容下 15 套大不列颠百科全书（EBr）——而这些书在图书馆里要占据很多书架。谈及图书馆，据估计整个美国国会图书馆的内容（包括图片）容量是 10 TB（太字节，1 TB=1,024 GB），能够储存在 2,128 个 DVD 里。

下次你打开电脑的时候，检查一下它的硬盘大小。如果它是 250GB 的，那差不多是 800EBr，或者 60,000Bib。即使你的 4GB 的 iPod 也能放得下 12EBr。要放下整个美国国会图书馆，只需要 40 台上述硬盘容量的电脑（或者 2,500 个 4GB iPod）。

感谢我们的记忆

对人类大脑容量的估值范围很宽，取决于如何计算——你只是计数到神经元，还是计数到突触？无论如何，这数字十分巨大。如果神经学家是值得信任的，那么这数字是 10~1,000 TB，或者 1~100 个美国国会图书馆。从那么巨大的储存系统里寻找信息是另一个麻烦，这就是为什么你总是记不住自己的电话号码。

=

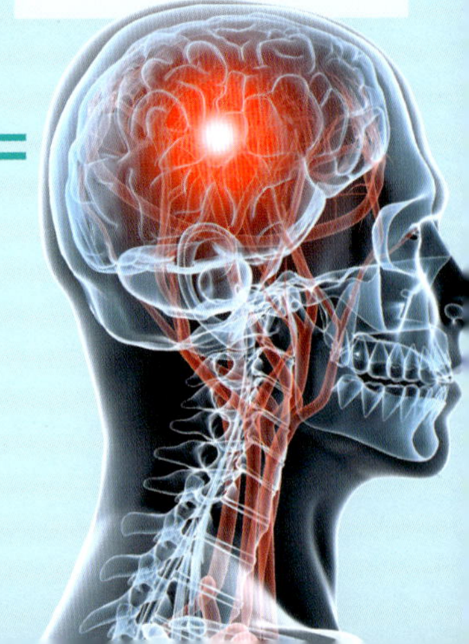

6 人口

百万分之一：一大群人的数量不那么容易估计——比如询问任何游行的参加人数，你会从示威者、警察和反对示威者那里得到不同的答案。我们对自己城镇人口的数字也不那么清楚；而当谈到国家的人口，特别对于印度或者中国这种人口众多的国家，统计数字就会带有太多的零而造成我们认知的混乱。然而跟前面我们遇到的巨大数字一样，我们可以使用合适的单位来缩小数字以便于理解。

1,335,960,000

着迷的观众

还记得你最后一次观看表演（或者电影、音乐会等）吗？你知道有多少观众吗？除非只有大约十几个，否则我们很难猜得出。既然我们的目测水平不过如此，我们如何去考虑更大的数字呢？

答案当然是用我们直观能够掌握的单位将数字变小。比如我们的老例子，灰狗公共汽车。1 辆灰狗公共汽车能承载大约 50 个人，所以把观众划分为汽车尺寸的组群，观众的人数一下子就变得容易估计了。

1辆灰狗公共汽车承载50个人

1架空客A380承载10个公共汽车载客量

公共汽车载客量

使用公共汽车做单位，你能更容易了解飞机的载客量，比如大型客机和空客 A380（大约 10 个公共汽车载客量），甚至卡内基音乐厅（大约 56 个公共汽车载客量）、阿尔伯特音乐大厅（大约 100 个公共汽车载客量）和好莱坞露天剧场（大约 30 个空客 A380 载客量）这样的地方。

阿尔伯特音乐大厅能容下100个公共汽车载客量

生活在一起

测量一个场所人群的数量和城镇人口的统计很不一样。如果你住在一个 1,000 人（那是 20 个公共汽车载客量）的小镇那统计很容易，但是像纽约或者伦敦那样的城市呢？

同样，将数字变小有助于我们的理解。想一想等着登上空客 A380 的乘客，你的脑子里会出现 500。从这里开始，你可以想象 100,000 居民（200 个空客 A380 的载客量）的城镇，接着扩大到像敖德萨（美国）这样的百万人口的城市，接着是北京（人口大约 1,000 万）。也许这样子想象更便于理解。

反群居？

我们不是唯一的大量群居的动物。虽然大多数动物以较小的家庭为单位，但某一些动物，特别是昆虫，以几百、几千甚至百万为单位群居——就像我们共同生活在城镇一样。白蚁和蚂蚁群可以互联为数十亿的超级蚁群，就像我们组成国家一样。它们在蚁丘中和地下，所以我们并不容易注意到它们。

更引人注目（或壮观）的是蝗群。它们能覆盖几百平方千米的面积，数目达到数百亿——世界人口数量的好几倍。

一个蝗群达到
60,000,000,000 只蝗虫

好一个国家

世界上人口众多，如今已超过 68 亿，并且这数字还在继续攀升。显然我们无法用公共汽车载客量作为单位来衡量这个数字，或者甚至无法用好莱坞露天剧场为单位。幸运的是，我们人类把地球划分为了更容易掌握的单位：国家。

不幸的是，在人口数量上它们并不均衡。一些国家，比如梵蒂冈（人口不足 1,000），不比一个小镇大，而另一些国家则在世界人口中占相当大的比例，还有一些国家处于两者之中，比如法国、意大利、英国和泰国（每个国家的人口为 6,000 万到 6,500 万）。让我们以缅甸的人口（大约 5,000 万）为基准。这个数字大约是 5 个北京（或者 6.5 个伦敦，或者 7 个纽约），并且几乎是半个墨西哥的人口数量。

世界人口百分比

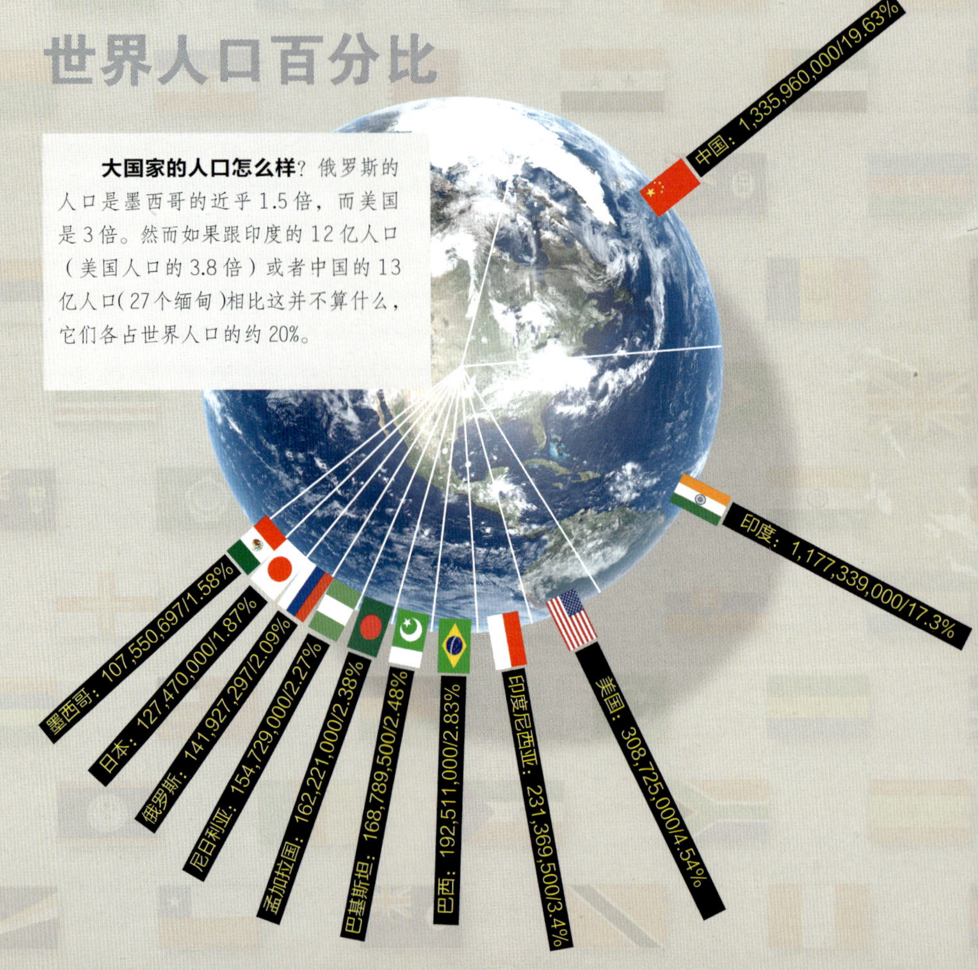

大国家的人口怎么样？俄罗斯的人口是墨西哥的近乎 1.5 倍，而美国是 3 倍。然而如果跟印度的 12 亿人口（美国人口的 3.8 倍）或者中国的 13 亿人口（27 个缅甸）相比这并不算什么，它们各占世界人口的约 20%。

持续增长的人口

人口统计存在一个问题，即随着人们出生和死亡，人口数字变化很快。总的来说，人口在持续增长，地球看起来变得越来越拥挤。只不过 2,000 年前，世界上的总人口数量只相当于如今巴西的人口数量，而 1,000 年前，总人口数量也只增加了一半。

到 1800 年，我们达到了现今人口数量的 1/5，从那时起人口的增长明显加快：在过去的 50 年，总人口数量增长了 2 倍多。即使假设增长变缓，预测数字仍然令人触目惊心。

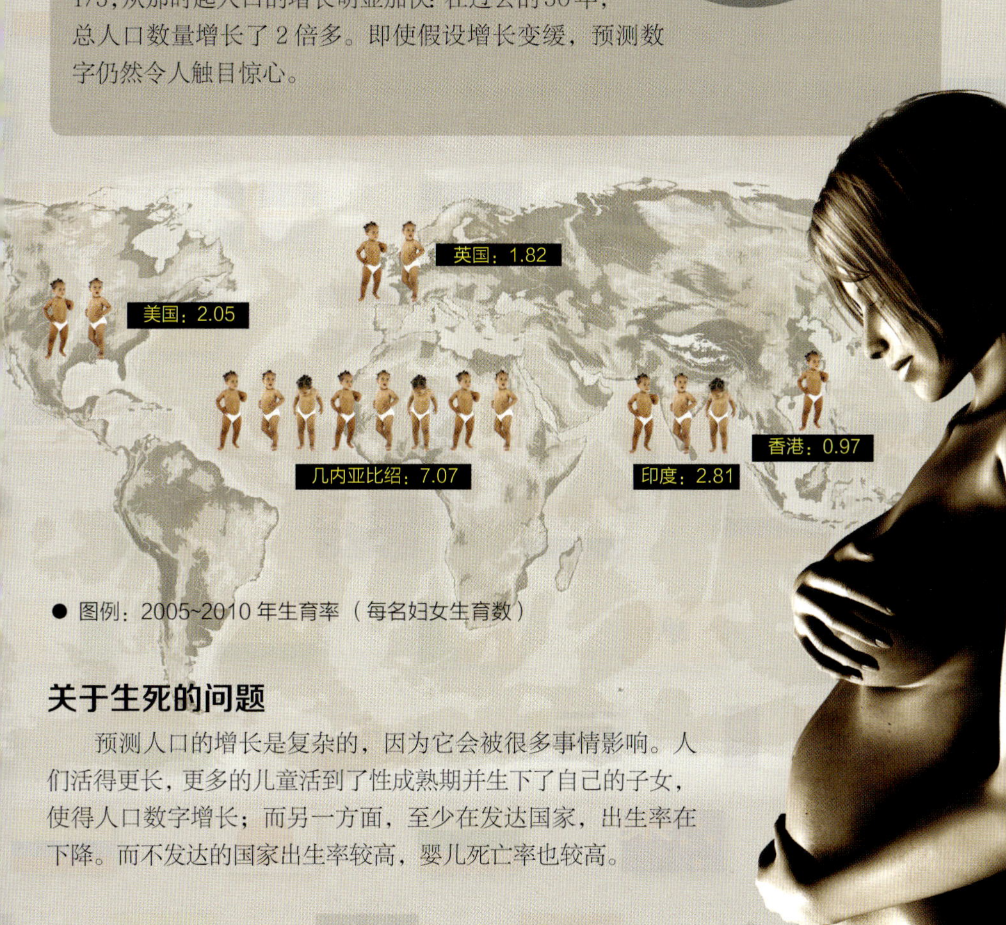

● 图例：2005~2010 年生育率（每名妇女生育数）

关于生死的问题

预测人口的增长是复杂的，因为它会被很多事情影响。人们活得更长，更多的儿童活到了性成熟期并生下了自己的子女，使得人口数字增长；而另一方面，至少在发达国家，出生率在下降。而不发达的国家出生率较高，婴儿死亡率也较高。

繁衍生息

人类通常一次生育一个后代。虽然双胞胎和三胞胎也并不罕见，但是多达 8 胎或 9 胎的多胞胎，则十分稀少并且常常是运用了辅助生殖的科技手段的结果。其他哺乳动物一窝能达到 14 个，鸟类一窝能孵出 1~15 只，爬行动物一窝能达到几十只；但是两栖动物、昆虫和鱼类的生殖能力更强，它们每季能产下几千只，或者有时百万只卵。白蚁女王赢得了最佳母亲的称号——它的奉献是一生平均每日生产几千只卵。

每天5,000只以上白蚁卵

时光飞逝

动物界的多胞胎，是因为要对抗较低的存活率。如果它们不这么做的话，那么我们很快就会发现各种各样的生物灭绝了。比如说家蝇，在短短几天内就可以达到性成熟，数百次的产卵，并且能活 3 周那么长。如果不是因为严酷的高死亡率，一只母蝇将能在 5 周内产下一个与世界人口等量的王朝。

由各种不同种类组成

如果你认为是人类在统治地球，那么再好好想一想。地球上只有 68 亿人，我们只是这个星球上 5,500 种哺乳动物中的一种。那是至今为止我们知道的数据——可能还有很多我们尚未了解的种类。科学家至今设法鉴定出了 150 万个动物物种，但是看起来它只是冰山一角。很可能单单昆虫类就达到 1,000 万种，以绝对优势超过其他所有动物。让我们认清自己的位置吧。

到2040年20%的物种将灭绝

像渡渡鸟一样死去

已存物种的灭绝速度几乎跟我们发现新物种的速度一样快。以现在的灭绝速度（我们所知道的物种），估计在未来 30 年里将有 20% 的物种消失，而悲观预测将有一半物种消失。具体是哪一些呢？谁知道？

相对而言

随着现代科技使通信变得更加容易，能够被他人理解就变得更为重要。世界上有数千种语言，它们中的大多数互不相通。使用者众多的语言不断发展壮大，势必倾吞掉一些较小的语言，而沟通的需要意味着越来越多的人将讲同种或几种主要语言——也许某天真的会确定一种通用语，那么按照现在的数据，汉语普通话是最有可能的候选者。

小语种的使用者变得越来越少，以比物种消失更为惊人的速度消失着。而有一些小语种却正在复苏，特别是在一些具有强烈的民族主义文化或政治影响力的地区。比如，没有迹象显示威尔士语或者巴斯克语正在消失，虽然它们的使用者少于大多数国家的人口。

基督教：2,100,000,000~2,200,000,000（30%~32%）
相当于非洲＋南北美洲的人口数量

信不信由你：与语言一样，宗教大致来说呈地区分布，但是人口流动和传福音使得主要信仰在世界范围扩展。与语言相似，很难统计不同信仰的人数。比如在基督教国家，很多非信徒也被归为基督徒，甚至在正式表格中也如此填写（在近期英国的人口调查中，相当数目的人们宣称绝地武士（科幻电影《星球大战》中的角色）是他们的宗教信仰——可见不能人们说什么就信什么）。类似的，很多人会把自己定义为犹太人，但是更多的是文化或民族定义而非宗教。

伊斯兰教：1,300,000,000~1,600,000,000（19%~23%）
相当于欧洲＋北美洲的人口数量

印度教：950,000,000~1,400,000,000（14%~20%）
相当于非洲＋南美洲的人口数量

说方言

很难得知以某种语言为母语的确切的人口数量，更难统计有多少人以某种语言为第二（第三，或第四）语言。对前几名的大语种来说，这数字是巨大的，它们加起来将占世界人口的很大比重。

如果你能够讲两种或更多主要语言（汉语普通话和英语将是很好的组合），你就可以跟世界上近 1/4 的人进行沟通；那大概是 1,700,000,000 人。这些语种中的任一个作为第二语言都将是比世界语更好的选择，这个人造的国际语言从未流行起来。用世界语你只能跟大约 200 万人聊天，而他们中的很多人其实已经能讲前 10 名的大语种中的某语言。

英语：350,000,000

西班牙语：329,000,000

俄语：160,000,000

阿拉伯语：221,000,000

法语：77,000,000

锡克教：20,000,000~30,000,000（少于 1%）
相当于澳大利亚的人口数量

犹太教：12,000,000~18,000,000（少于 1%）
相当于纽约＋东京的人口数量

拉斯特法里教：700,000
相当于巴尔的摩的人口数量

紧邻

世界很大——大到使得我们每个人都有足够的个人空间。如果我们只看地球陆地面积，那么我们每个人可以占据 4 个标准美式橄榄球场大小的面积，虽然我们更倾向于拥挤在城市里，留下广阔的土地荒芜着。然而，像格陵兰岛和西撒哈拉这样的地方相当不适合人类居住，但是它们比人均面积只有 1.5 个拳击台的澳门宽敞多了。

4 个美式橄榄球场大小的个人空间

一起远离

如今我们早已抛弃了游牧的生活方式，但是因为经济和政治原因而非追逐食物的需要仍有大量的流动人口。当然，每年还有以度假胜地为目的地的人口流动。然而，还有庞大的动物群每年进行长途的迁徙，有时候达到几千千米。企鹅长途跋涉穿越南极去它们的筑巢地，而数以百万的候鸟从一个半球飞往另一个半球来躲避严冬。

也许最壮观的是非洲大陆上从塞伦盖蒂南部向马赛马拉北部边境的“大迁徙”。超过 1,300,000 只的角马（伴随着大约 360,000 只瞪羚、200,000 只斑马和 12,000 只大羚羊）每年要踏上来回 500 千米的旅途——相当于整个巴塞罗那的人口（和他们的宠物）同时周游欧洲。

1,300,000只角马，360,000只瞪羚，200,000只斑马和12,000只大羚羊

7 时间

时间是个相对的概念：至少，爱因斯坦使我们这么认为。有时它走得太快，而有时又似乎慢得没有尽头。甚至时间的基本单位——天，也有些弹性——想一想漫长炎热的夏日，或者漫长漆黑的冬夜。于是，我们用来形容时间的词语相应地模糊，也并不经常用来衡量时间。然而，仍有一些常量（或近乎常量）我们可以使用。天文、自然甚至亚原子周期提供了一些令人惊讶的好用的单位。

不同的一天

对我们来说最基本的时间单位有天——两个午夜之间的时间段，还有年——从 1 月 1 日到下一个 1 月 1 日。它们是我们生活中重要的一部分以致我们视它们为理所当然，甚至不会去考虑它们到底是什么。

1 天（24 小时，用我们的方式划分时间）是地球自转 1 周的时间；1 年是地球绕太阳公转 1 周的时间。它们是常量（至少就目前而言），所以是相当可靠的衡量时间的方式，当然若你不在我们这个星球上则另当别论。

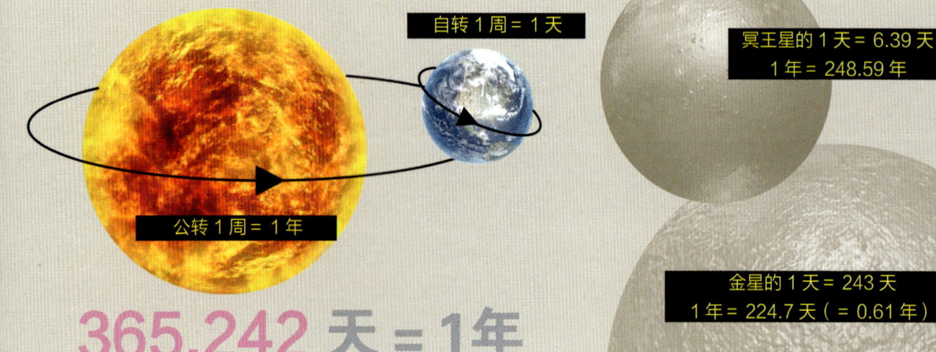

365.242 天 = 1年

太阳系的其他地方：情况在太阳系的其他地方是不一样的。比如说冥王星，自转得慢一些，要花长得多的时间来完成绕太阳的公转。如果你住在那里，你的 1 天将差不多有 1 周那么长，为了过生日你得等差不多 250 年。而在金星上，时钟和日历将相当的复杂——1 个金星日（243 个地球日）事实上要比 1 个金星年更长（224.7 个地球日）。

标记时间：你会以为这是一个简单的事情，用两个像天和年这样不变的单位去将时间分割。你错了。划分天不是个大问题——我们已经发展了一个相当怪僻的 24 小时系统，每小时分为 60 分钟，每分钟分为 60 秒。但是年棘手得多。

在古埃及，人们的观点符合逻辑，但是错误地认为 1 年有 360 天，于是不得不持续调整他们的日历来校正。中国人也一样。在很多次修正之后，进化出了一个 365 天的日历，但是它也不完全符合 1 年是 365.242 天这个事实。我们仍然不得不用闰年甚至闰秒来调整我们的日历使其符合实际。

看一看现代日历上的不规则的月的长度——实在是个尴尬的结果。但是以农历为基础的伊斯兰日历和印度日历，也并未更好地解决这个问题：两个满月之间为 29.3059 天，也并非便捷的单位。

代沟

对于比 1 年长的时间段，我们用 10 年和世纪为单位，都是方便的十进制。在谈话中，人们常用一生和一代：更人性化和含糊。为了使它们变为有用的单位，让我们将 75 年作为一生的时间，将 25 年作为一代的时间。当然，这都是粗略的数据。

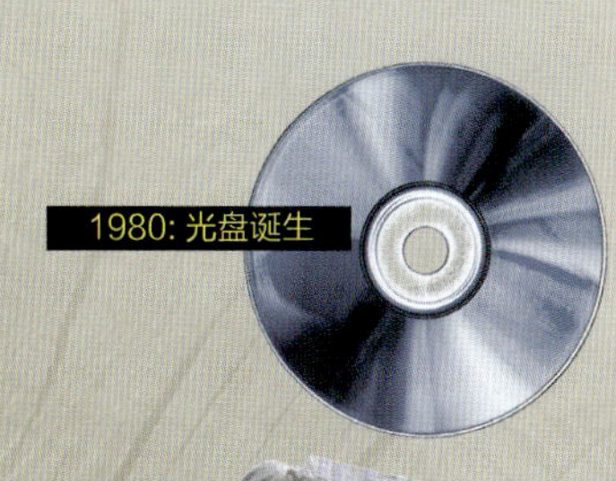

1980: 光盘诞生

1969: 尼尔 · 阿姆斯特朗和巴兹 · 阿尔德林首先踏上月球

1564: 威廉 · 莎士比亚出生

1712: 托马斯 · 纽科文发明了蒸汽活塞发动机

1792~1815: 法国与反法同盟间的战争

1926: 约翰 · 罗杰 贝尔德发明了机械扫描电视机

1512: 米开朗琪罗完成西斯廷教堂壁画

1876: 亚历山大 · 格拉汉姆 · 贝尔取得电话的专利

1510　1560　1610　1660　1710　1760　1810　1860　1910　1960　2010

你的一生

对大部分动物来说，生命是肮脏、野蛮和短暂的。从出生（或者孵化）起，生命主要分为存活到生育期、生育和死亡几个阶段。如果你是悲观的性格，你会觉得那也总结了人的一生。或者你的看法更乐观一些，把生命划分为 4 个阶段——婴儿期、青春期、成年和老年——但是有些人有不同的划分，比如莎士比亚将它划分为 7 个阶段。

一生的7个阶段

全世界就是一个舞台，
所有的男男女女不过是一些演员。
他们都有下场的时候，也都有上场的时候。
一个人在一生中要扮演好多角色，
他的表演可以分为七个阶段：
最初是婴孩，在保姆的怀中啼哭呕吐；
然后是背着书包、满脸红光的学童，
像蜗牛一样慢腾腾地拖着脚步，不情愿地呜咽着上学堂；
然后是情人，像炉灶一样叹着气，
写了一首哀伤的情诗吟诵他恋人的眉毛；
然后是一个军人，满口发着古怪的誓，
胡须长得像豹子一样，爱惜着荣誉，
动不动就要打架，在炮口上寻求着泡沫一样的虚名；
然后是法官，胖胖圆圆的肚子塞满了上等的阉鸡，
凛然的眼光，整洁的胡须，满嘴都是至理名言和摩登词句，
他这样扮了他的一个角色；
第六个阶段变成了精瘦的趿着拖鞋的龙钟老叟，
鼻子上架着眼镜，腰边悬着钱袋；
他那年轻时候节省下来的长袜子套在他皱瘪的小腿上显得宽大异常；
他那浑厚的男子的嗓音又变成了孩子似的尖声，像是吹着风笛和哨子；
终结这段古怪的多事的历史的最后一场，
是孩提时代的再现，全然的遗忘，
没有牙齿，没有眼睛，没有口味，没有一切。

无论如何你得长大，而且我们得到了比其他哺乳动物都好的生活。由于捕食者和疾病的原因，它们通常并没有可以享受的老年生活，并且它们的幼年期短得多——很多动物在出生之后几小时内就可以行走。除了这些，它们也几乎没时间享受青少年的快乐；一旦它们到达生育期，它们就开始组建自己的家庭。

妊娠期

除了我们的有生之年，在我们出生前还有一段较短的胚胎阶段。对我们人类来说，从受精到出生大概是9个月的时间（260~295天），大概是一生的1%。因为通常我们一次只能生育1个，我们的繁殖相对较慢，不像兔子，妊娠期大约为33天，1窝能产下多达12只小兔子——但是它们只能活10年左右。然而大象，能活足足60年，并且呆在子宫里的时间要占据一生的3%。

平均妊娠期

变形

哺乳动物成长的过程远不如昆虫那么富有戏剧性。它们要经历激烈的生理变化以致在生命的不同阶段呈现完全不同的形态。一只典型的昆虫，比如蝴蝶，从卵孵化之后，在呈现为我们熟悉的美丽形态之前，要经历一个幼虫的阶段，接着变成不活动的蛹。一些昆虫只以成年的生育期的形态活几星期甚至几天，它们中的大多数要以幼虫的形态花费数年的时间来为此做准备。就人类来说，那相当于经历一个几乎一生那么长的童年（主要是进食），一个短暂、昏昏欲睡的青春期，接着只有几年的成年期（只够用来生育繁衍）——并且没有老年期。也许这也不算是个很糟糕的人生……

生命中的 1 天

一个了解一生的方法是将它缩短为容易掌握的长度，比如 1 天或者 1 年。如果美国人或欧洲人的平均寿命只跟蜉蝣的一生那么长（大概 16 小时而不是 80 年），他的一生将像这样：

早上 8 时出生，在早餐时间他开始走路和说话，在上午 9:15 去上学。他在上午 10 时左右拿到了驾照，在上午 11:40 去上大学。在午饭前他毕业了，并且度过了紧张的中午来找工作、结婚和在职场站稳脚跟。他的 3 个孩子在下午 2:30 陆续出生，这意味着他要花费大部分的下午时光来挣钱养家，并在下午 4 时的时候得到应得的升职。孩子们在下午 5:30 到 6:00 之间离开家建立了自己的家庭，他的生活变得轻松了些，直到晚上 9 时退休，夜晚的大部分时间他用来做自己想做的事情。在夜里 11 时之后他生病了，住进了养老院，最后死在午夜钟声敲响的时候。

150
75
0
Years
2 倍人的一生
1 倍人的一生
0.16 倍人的一生
0.08 倍人的一生
0.026 倍人的一生

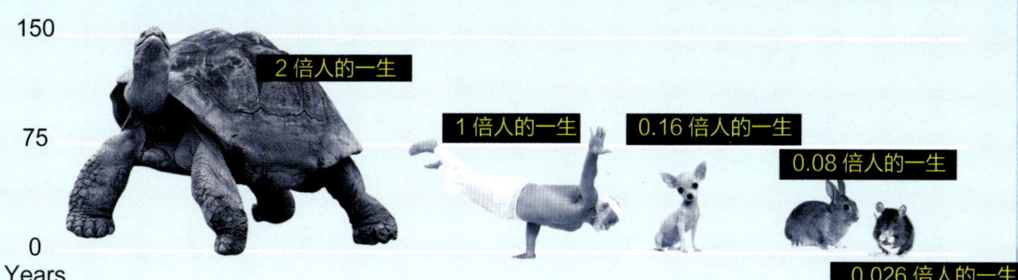

狗的一生

一生有多长？当然，那得取决于……我们谈论的是人类，还是狗，或者别的什么？并且在哪里？在北美和欧洲，人们比以往活得要长——平均寿命达到了 80 岁。然而，在非洲的部分地区，平均寿命会低到 40 岁。所以为了简单，让我们取一个整数，把一生定为 75 年（这跟一代 25 年非常配合（请见第 81 页）。

那么这个年龄跟动物们的相比如何？活得最长的可能是巨陆龟，它通常能活 150 年（2 倍人的一生），活得最短的是腹毛动物（一种微小的水生动物），3 天后即死亡。关于狗活 1 年相当于人活 7 载的古老的说法离事实相去不远：狗平均能活 12 年，所以人的一生相当于 6.5 个狗的一生。但是关于蜉蝣只活 1 天的说法不是事实——那只是它以蛹的形态数月甚至数年待在水下之后的成年阶段（而且事实上这个阶段也能持续几天）。

死于午夜

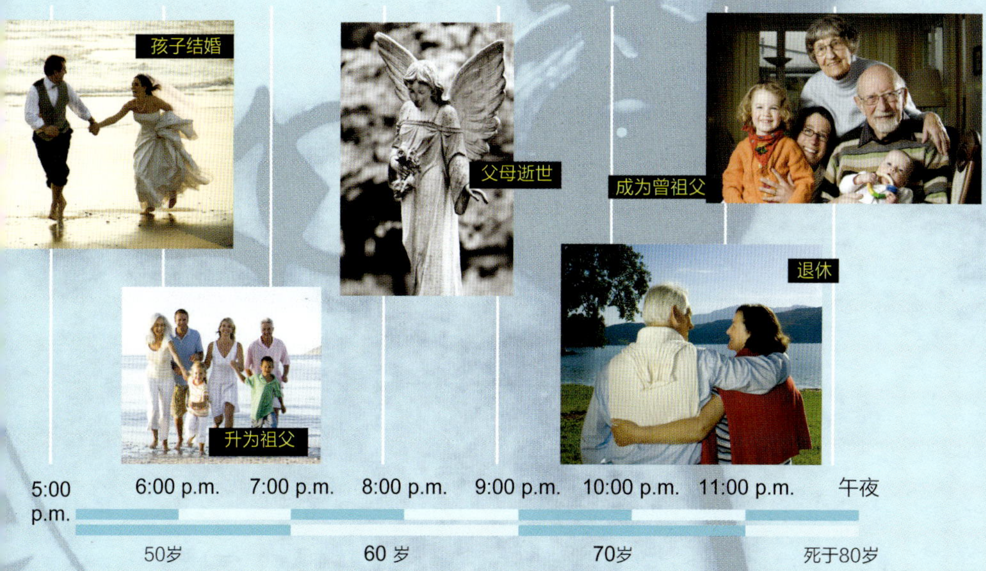
孩子结婚
升为祖父
父母逝世
成为曾祖父
退休
5:00 p.m.
6:00 p.m.
7:00 p.m.
8:00 p.m.
9:00 p.m.
10:00 p.m.
11:00 p.m.
午夜
50岁
60 岁
70岁
死于80岁

寿比南山

当谈论到地球的寿命时，我们需要一些大的时间单位，一些真的很大的单位。在历史被分为世纪和千年时，地质时代通常需要用百万年（Ma）来划分。即便如此，我们仍然不得不处理一些繁重的数字，因为地球形成于大约 4,600 Ma 之前，而生命在大约 4,000 Ma 前开始出现。

如果你觉得这难以想象，试试这么做。把地球的寿命压缩为 1 年：它形成于 1 月 1 日，而现在是 12 月 31 日钟响的午夜。在这个地质日历上，月亮出现在 1 月 6 日，一些形式的生命开始于 2 月的中旬。除此之外几乎什么也没发生，直到 4 月原始的光合作用开始进行，9 月多细胞生命才开始发展。进入 11 月，动物们才开始出现，12 月 10~20 日，恐龙统治着世界。最终，在新年前夜的晚上 8 时左右，被承认的最早的人类出现了。

2.51亿年前

动物生命

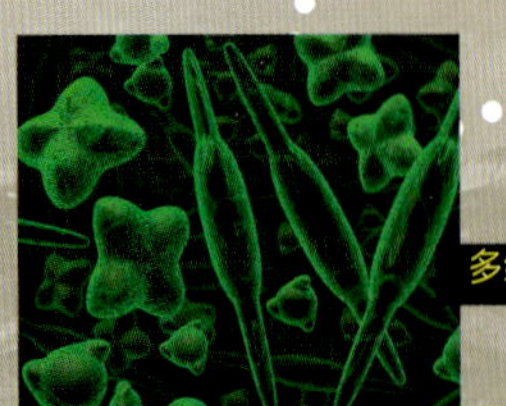

多细胞生物

原始汤

130亿年前

地球约20银河年

银河年

我们不需要去探讨令人想破头脑的关于时间何时开始或者为什么之前没有时间的问题，只需要知道宇宙已经存在了很久很久，似乎是从大爆炸开始，而那可能发生在130亿至139亿年前。

那不是一个容易转换为世纪、千年或者百万年的数字。那么，拿太阳系绕银河系公转一周的时间作为单位如何？它大概是2.5亿年，被称为银河年（G.Y.）。用它做单位，大爆炸发生在大约55G.Y.之前。地球形成于之后35G.Y.，地球上的生命出现在16G.Y.之前。现在这些数字便于理解了吧！

6,500万年前

恐龙

人类

快如闪光

在日常应用中，短的时间单位虽然便捷但不确切，比如一会儿、一瞬间、马上等。甚至确切的衡量单位，比如秒（second），在短语中也变得具有弹性，比如“等一下”（wait a second）。所以当我们形容一些非常短的时间的时候，我们被困在各种各样的比较中。

当然如你所想，我们有关于秒的科学定义：它实际上是铯 -133 原子基态的两个超精细能阶间跃迁对应辐射的 9,192,631,770 个周期的持续时间。它可以被分为更小的单位，比如纳秒（1 秒的 1/1,000,000）。老实说，对我们中的大部分人，这定义不能帮助我们理解。

然而，更实际有用的单位，是我们能够与生活联系得上的，比如照相机闪光灯的一闪。它的时长通常在 0.001 和 0.005 秒之间，为了简便我们设定为 1/1,000 秒。那么，“快如闪光”就有了确切的含义，比“弹指一挥间”或者“眨眼间”要精确得多。

0.001 秒 = 1闪光

不要认为科学家和工程师们没有幽默感。他们造出了一些非常好的异想天开的单位：瞬间（0.01 秒）和刹那（10 纳秒）。

10 纳秒 = 1刹那

0.01 秒 = 1瞬间

微两周

一些叛逆的怪才们想出了一整套与众不同的计量单位系统——FFF 系统，以旧式的长度单位弗隆（furlong）、体积单位费尔金（firkin）和时间单位两周（fortnight）为基础。从基础单位两周（14 天），他们衍生出了滑稽的微两周，即两周的 1/1,000,000——1.2096 秒。

8 速度

要花多久：我们居住在一个生活节奏越来越快的世界。通信已经加快，交通比以往更快，速度纪录持续被打破，甚至出现了快餐。我们希望事情发生得像闪光一样快，甚至比闪电更快。然而对于我们提到的速度概念我们认知甚少。一个长途的飞机旅行看起来只不过是一个长途旅行，但是那是大多数人经历过的最快的速度。仅仅十年之前，坐飞机旅行还是一件不可想象的事，而现在它再寻常不过。也许我们应该注意它，并且看一看它与自然界的速度的比较。你一定会大吃一惊的。

生活的步伐

与其他我们谈到过的单位一样，要了解速度我们需要找到一个可供参考的东西，一些我们能够想象的事物。走路的速度是我们最熟悉的速度，以轻快的步伐每小时走 6 千米，是一个很好的基准。一个好的短跑选手跑步的速度是它的 6 倍。

动物的速度让人类望尘莫及。猎豹是毫无争议的冠军，起码在短距离方面，它的冲刺速度是人类短跑选手的 3 倍，足够在高速上引起交警的注意。赛马也能赢过我们，以我们一半的时间跑完赛程。甚至一些鱼类和昆虫也能超越我们最好的选手。

令我们得到安慰的是，就像兔子一样，我们的速度能够超过一只乌龟。当然，还有传奇般动作迟缓的蜗牛，其速度是我们轻快步伐的 1/450。

生长

人们常说，赶快行动，不要让你脚下长草。事实上，你得是相当慢的行动者才能使那一幕发生。然而，在移动速度和生长速度之间是有区别的。我们移动得相对较快，而生长迟缓；而另一方面，植物几乎完全不能移动，但是生长得相对较快。

必须承认，不是所有的植物都生长迅速，大部分的树木需要花费数年时间来达到成熟的高度。也有一些你几乎能看到它在生长，野草显然能够一夜之间出现在园子里，如果置之不理，它们能够迅速占领整个花园。确实，草类长得相当的快，一些品种能够一天长 15 厘米。竹子是其中的佼佼者，一些品种的竹子能够在 24 小时内长 76 厘米以上。人类长那样的高度要花上 2.5 年。

相当好的成就

看来人类能够达到的速度并没有极限。纪录逐年被打破，一些新纪录提高的幅度令人吃惊。当 1954 年 5 月罗杰·班尼斯特在 4 分钟内跑完 1 英里（约 1,609.3 米）时，它几乎是一个奇迹；而如今那成绩相当的普通。我们是如此窃喜于我们的速度，让我们来具体地了解一下。

滑雪速度纪录

跳伞速度纪录

511.63 千米/时

当今的世界纪录： 就 100 米短跑而言，运动健将的最快速度大约是 42.5 千米 / 时，足已超过在市区行驶的汽车。然而，一些自行车选手在平路上的最快速度达到 129 千米 / 时，比猎豹还快，而且超过了高速公路的最高限速 120 千米 / 时。拿他们跟正常行驶的小货车相比的话，是小货车速度的 2 倍了。如果还嫌不够快，那么在室内自行车场地上，布鲁斯·伯福德（Bruce Bursford）以 334.6 千米 / 时的速度打破了所有骑行纪录，并可与高速列车匹敌。

然而，在水中我们仍然不够强大，我们用尽全力的 50 米自由泳仅赶得上轻快步行速度的 1/2。还有，对大多数鱼的游行速度，我们也是望尘莫及。

自行车速度纪录（平路，无人领骑）

129千米/时

快速地发球

其他一些体育项目也能产生惊人的速度。一个职业网球运动员的发球速度通常超过了 160 千米/时，而自从 1931 年就没有被打破过的发球速度纪录，是 263.3 千米/时——大约是最优秀的棒球投球手投出快球速度的 1.5 倍。

来复枪子弹飞行速度：4,392 千米/时

比子弹飞得更快

不满足于我们自己所能达到的速度，我们发明了各种各样的交通工具，而且它们的速度越来越快。几乎所有的汽车都能够达到一只猎豹的速度（很多国家以猎豹的速度作为高速公路的时速限制），并且现在有种汽车的速度可以达到几乎它的 4 倍。

航空飞船再入速度 26,000 千米/时

典型现代高速列车速度 320 千米/时

所谓的子弹头列车的速度怎么样？

大多数现代高速列车的运行速度为320千米/时，虽然不慢，但却比最慢的猎枪子弹还要慢一半。然而，假设平均子弹速度为大约1,600千米/时，那么有相当多的能够达到子弹速度的竞争者。普通客机能轻松地达到这个速度，但是为了安全，通常仅以2/3的子弹速度飞行；协和式飞机通常以1.5倍的子弹速度飞行。然而，真正快速的飞行者，是航天飞机。它们不得不快速飞行，因为地球的逃逸速度是40,320千米/时。它们比子弹飞得要快，也许还快过了超人。

奔流的河水

河流奔涌。与动物奔驰一样，水流的速度取决于它们的大小和穿越的地形。如果水流较小，从陡峭的山坡奔泻，它们的速度将大大快于在海平面上的流速。虽然看起来河流流动得很快，但是实际上即使在洪水季，湍急的水流也不过才达到蜜蜂的飞行速度（这对鱼有利，比如三文鱼，它们需要逆流而上去繁育后代）。河流的平均流速基本相当于人类轻快步行的速度。

冰川，实际上是结冻的河流，它移动的速度要缓慢得多。事实上，它们的最快速度大约为每天 30 米。洋流的速度也不快，大部分的洋流以 2 倍于蜗牛的速度流动，但是墨西哥湾暖流以超过 4 千米 / 时的速度跨过大西洋——这真是悠闲的漫步。

跟蜜蜂一样的速度：20千米/时

奔涌的洪水

蜗牛

2倍于蜗牛的速度：0.16千米/时

缓慢移动的洋流

移动的山脉

并不只有水会在地球表面移动。大陆板块也在移动，尽管非常缓慢。作为板块运动的大陆漂移因地而异，最高达到每年 10 厘米，但是平均值大约为每年 5 厘米。那是无法察觉得慢——甚至一只蜗牛移动的速度也要比它快上几百倍——但是经过几十年或几百年的时间，那就能产生足够的影响。问一问住在断裂带的那些人吧。

坏效果

我们有许多的词来形容风的速度：和风、微风、阵风、大风、飓风——列表还远远没完。它们是按风力区分，而少将、爵士弗朗西斯·蒲福（1774—1857）按风力等级将它们进行了全面的划分，像描述风的速度一样描述风的影响力。如果你将它跟自然界的速度相比，你会得到更多启发。

它让你困惑

当谈论到速度的时候，你要记住它总是相对的。想一想一个乘客在一列速度为 80 千米 / 时的火车上，如果他站起来在过道上向前走，那么他行走的速度是多少呢？不错——他相对于火车的行走速度是 5 千米 / 时，但是相对于铁轨，他的速度是 85 千米 / 时。如果他向后走，那么他的速度就是 75 千米 / 时。

都是相对的：大多数时候，我们提到的速度是相对于地面而言的，而这在大部分的实际用途中是相当合理的，但是不要忘记地球也是在运动中的。它 1 天自转 1 周，意味着在赤道你会以喷气式飞机 2 倍的速度飞驰。在两极，你几乎是静止地做着非常缓慢的回旋。

地球也在太空中绕着太阳旅行。完成一次公转，要花费 1 年的时间，并保持着 106,768.8 千米 / 时的平均速度。而在不断扩张的宇宙中，太阳自己也在绕着银河系转动……

尽可能地快：没有东西比光的速度更快。你不得不相信爱因斯坦。光以不可想象的速度传播——299,792,458 米 / 秒（我们可将它简化为 300,000 千米 / 秒），比客机的速度要快上 100 万倍。

光从太阳传播到地球需要8分18秒

有没有人在那里？

因为无线电波的速度没有光速快，所以，如果宇宙中存在有智慧的生命，我们要经过很长的时间才能收到消息。我们最近的邻星比邻星，距我们 4.2 光年（L.Y.），那里没有任何生命居住的迹象。最近的有可能存在生命的星球离我们超过 10.5 光年之远，所以通信会相当的慢：你发出信息后收到回复至少需要 21 年。最近的存在有智慧生命（我们认为的）的星球可能在数百甚至数千光年之外。如果我们收到它们的信息，这信息可能已经是数世纪之前发出的了。谁又知道当他们最终收到我们的信息时，我们的星球变成什么样子了。

音障

当第一架超声速商用协和式飞机出现的时候，每个人都认为它是一个机械奇迹。比声速更快，多么奇妙！然而，它的爱好者中很少有人知道那真正意味着什么。

其中的一个问题是声速不是常数：它在空气中、水中或其他流体中是不同的，还要取决于温度。由于我们的目的是粗略的比较，我们设定在晴朗、干燥的天气里它大约是 1,224 千米 / 时）。那是猎豹奔跑速度的 11 倍，或者是大部分客机飞行速度的 1.4 倍。

然而，在水下事情变得有点儿奇怪。在水下，其他的东西速度变慢了，而声速却加快了，几乎是空气中的 4.5 倍。水越热，声速越快，在盐水中速度更快。

1.4 倍于客机的速度

11倍于猎豹的速度

那么在太空中声速是多少？

这是道脑筋急转弯。因为太空是真空，声音无法在其中传播，所以它的速度为零。真的，如果你尖叫，没有人听得到。

闪电和雷声

光的速度是难以置信的快，它穿越短距离时几乎只需一瞬间。在暴风雨中，你看到闪电时正是它发生的时间。而在空气中声音传播相对较慢（近似为光速的 1/1,000,000），你得过一会儿才能听到雷声——按照你离暴风雨的距离，每远 1 千米将延后 3 秒。

9 温度

忽冷忽热：因为我们对冷和热的忍受力非常有限，我们只能生存在相对接近我们体温的温度极限里。我们用来描述温度的词汇也相当有限，比如温暖、温和、热、滚烫、冷、冰冷等。一旦我们遇到不舒适的温度，我们只是说非常热或者非常冷。

为了让我们的描述更精确些，我们需要一些已经了解的东西作参照物——甚至那些我们不能生存其中的温度，比如做饭时的高温和冷冻箱的低温。利用它们，我们可以来了解周围极高或极低的温度。

热情似火

地球既不太热也不太冷，对生活在这里的生命来说，刚刚好。或者我们只是恰好适合于这个星球，因为我们是在这里进化而来的。无论你怎么想，地球上的温度在相当有限的范围内，至少在地球表面是如此（请看 102~103 页），虽然可能按大多数人的标准会认为有些高温或低温已经非常的极端了。

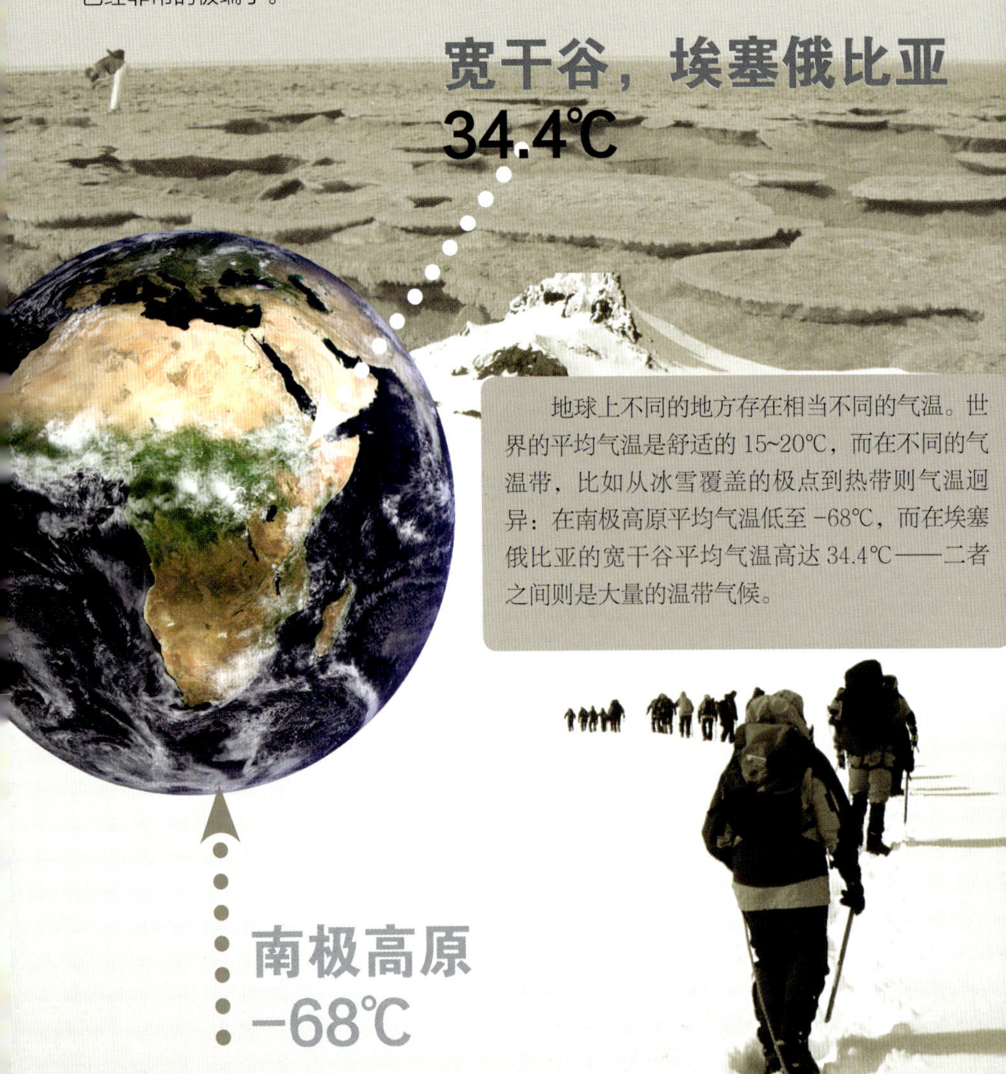

地球上不同的地方存在相当不同的气温。世界的平均气温是舒适的 15~20℃，而在不同的气温带，比如从冰雪覆盖的极点到热带则气温迥异：在南极高原平均气温低至 –68℃，而在埃塞俄比亚的宽干谷平均气温高达 34.4℃——二者之间则是大量的温带气候。

如果你不喜欢炎热……

世界最高的气温纪录是1922年在利比亚的阿济济亚，气温达到了极热的57.8℃。当然，也有人曾宣称伊朗的卢特沙漠的气温达到过70.7℃。

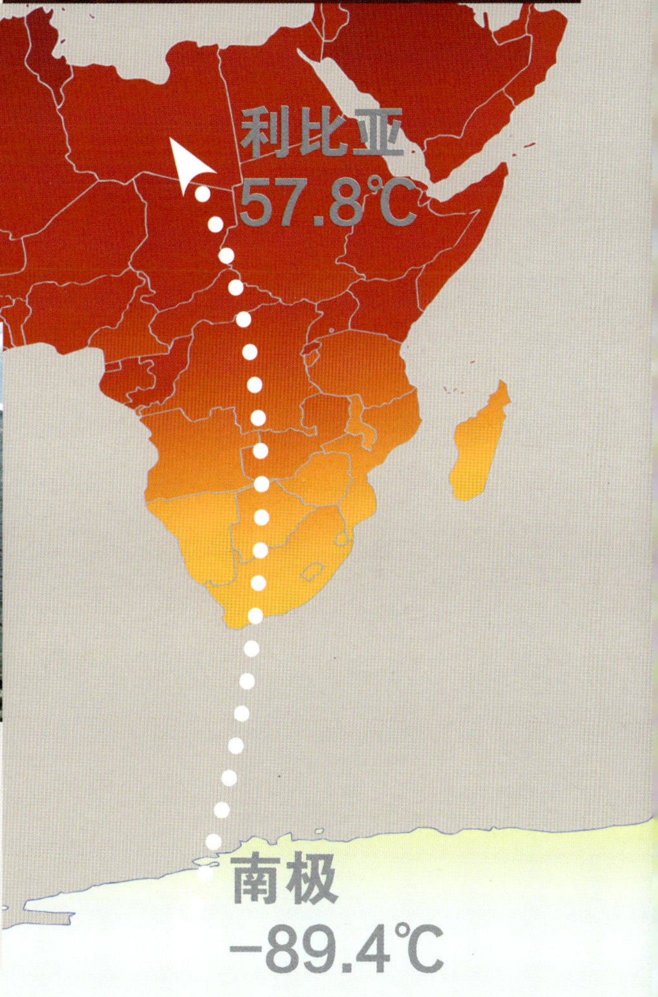

利比亚
57.8℃

而在另一端，如你所预料的那样，世界最冷的气温纪录是在南极：-89.4℃——大约比家用冰箱的温度低75℃。而最高和最低气温的温差达到147℃。

南极
-89.4℃

像地狱一样酷热

很容易遗忘地球其实是个熔化的岩石块儿，刚刚开始冷却。当然，除非你住在火山附近，才能观察到一些熔岩喷出薄薄的地壳。这些岩浆以 1,700℃的高温到达地面，几乎跟现代高炉的温度一样，并且是你周日烤肉时的温度的 10 倍。

然而，在喷出过程中，岩浆的温度会稍稍降低。它从地壳之下的地幔喷出，在那儿平均温度要高出一半。在那儿之下是地心，那里真的很热：外核大概是 4,982℃——差不多跟太阳表面一样热，内核可能更热。由此，你可以想象但丁关于地狱的灵感从何而来。

内核超过5,000℃

外核2,900~4,500℃

地幔超过
2,000℃

外太空接近绝对零度
−271℃

不断升高的温度

一旦你进入外太空，气温就降到了几乎绝对零度。因此你会想当然地认为到达得越高（指远离地球表面），温度越低。在某个层面上，这是正确的……但是在这个过程中会出现一些奇怪的事情。

当人们坐着飞机去度假的时候，很少会知道机窗外很冷。在客机起飞并穿过对流层之后，机外的气温逐渐地下降，当飞机飞到巡航高度刚刚到达平流层底端时，机外气温比南极的 -68℃还要低。然而，如果飞机继续上升，气温会相对而言再度回暖，在到达中间层的底部时气温会达到 0℃左右。继续上升，当你穿越中间层来到热层，气温会跌落至大约 -90℃，接着在热层与外逸层相接的热层顶，气温会突然快速提升到 330~1,500℃。在此之外，气温日夜浮动相当大——从几乎绝对零度到好几千度。

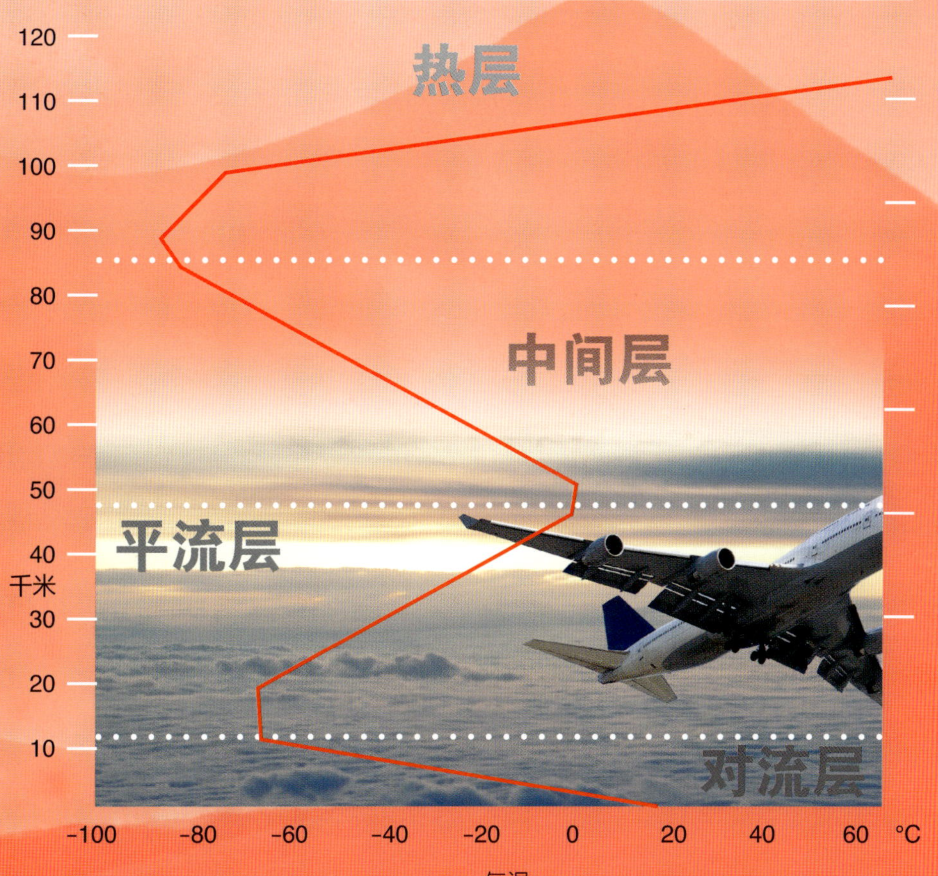

人类体温

我们人类是热血动物。事实上，更确切地说，我们是温血的。与所有的哺乳动物和鸟类一样，我们的身体维持着相当稳定的温度；只是高出几度，我们就会抱怨发了高烧。然而，冬眠的哺乳动物可以把自己的体温降到对人类来说相当低的水平。总之，我们体内天然的恒温器把我们的体温控制在适应我们居住环境的温度范围之内。

动物体温

爬行动物、两栖动物和鱼类不得不在更严酷的环境下生存。虽然它们被叫做冷血动物，但是它们的体温范围很广——它们没有体内加热或冷却的调节机置，所以它们的体温不得不非常依赖于所处的环境。这意味着一些鱼类可以游在冰冷的水里，而很多爬行动物可以忍受沙漠中的酷暑。

死于气候

人类似乎先天就有探索的冲动。我们已经探索了自己星球的相当一部分，并且也找到了为什么我们不住在地球上某些地方的原因，接着我们扩大视野，开始了对别的星球的探索，也许是希望能找到其他可居住的地方。

这机会有多大？非常的小，如果就太阳系的星球而言。把缺乏供我们呼吸的大气层这种小问题放在一边，独独气温就使得我们知道的所有生命在大部分太阳系的星球上无法生存。我们最近的邻居火星，看起来是温度最适宜的：夏日气温能达到我们体温的温度。但是冬夜的温度将比地球上任何地方都冷。那么水星呢？它的气温从热得能熔解掉铅到冷得能使氧气液化，看起来它不是个好选择。至于那些更远的星球，忘掉它们吧——除非你对低温感兴趣。

在海王星上，
氧是固体而非气体

冰冷，滚热

我们都熟悉水的熔点（或冰点），还有它的沸点——甚至大概知道它们的温度。我们可能没有注意到那些温度是一个物质（在这个例子里是水）从一种形态转变为另一种形态的临界点——从固态到液态，从液态到气态：从冰到水，从水到水蒸气。

很难相信万物都有熔点和沸点并且能够以三种形态存在——甚至包括我们认为相当坚固的东西，比如岩石，和我们认为就是气体的东西，比如氢——因为我们通常是在常温下看到它们的。然而，看一看汞，你就很容易相信它是个液态的金属，直到温度降到 -39℃它才会固体化（冻结）。

熔点和沸点

	熔点	沸点
氢	-259℃	-253℃
氧	-219℃	-183℃
氯	-101℃	-35℃
汞	-39℃	357℃
水	0℃	100℃
磷	44 ℃	280℃
硫	113℃	445℃
铅	328℃	1,740℃
锡	232℃	2,260℃
银	962℃	2,212℃
铜	1,083℃	2,567℃
金	1,064℃	2,966℃
铁	1,535℃	2,750℃
钨	3,410℃	5,660℃

能量和功率

$E=mc^2$: 爱因斯坦的著名公式最终揭示了能量的神秘，至少对科学家而言是这样。对于我们来说，它仍然是个十分神秘的东西。我们每天使用各种能量，但是我们并不确切知道它们到底是什么。

也许那不重要，只要我们有办法衡量它们。我们粗略地知道一箱油能让我们走多远，或者我们一个月用了多少度电（1 度 =1 千瓦·时）。然而，当我们开始考虑机器的牵引力或者国家的能源消耗时，我们通常一头雾水。然而，在我们日常对能量的使用中来理解它们，也许会对我们有些帮助。

马力

詹姆斯·瓦特首先发明了马力（hp，非法定计量单位）。他需要一个词来形容能量，于是想出了它。它真的很完善——易于想象，而且有意义。更确切的，它指在 1 秒内提起一个重 550 磅（约 249.5 千克）的东西 1 英尺（约 0.3048 米）所需要花费的能量。显然，1 匹马能做到这点（事实上，马的能力更强——它们能够达到 15 马力）。

等量的法定计量单位：1 马力相当于 1 秒举起一个 75 千克的东西 1 米所需的能量，大约为 735.499 瓦特。对于我们粗略的比较之用来说，它们是差不多的。

所以，当我们买一个 100 马力的拖拉机，你知道它能 1 秒拉动一个 55,000 磅的东西 1 英尺。更有趣的是，我们人类能够在短时间爆发出 2.5 马力的能量；一个 8 人的拔河队伍能够爆发出 20 马力的能量。这无法跟拖拉机相比，但是已经可以打败最强壮的马了。

驴力

不满意现存的能量单位，一些聪明的工程师加入了其他的相当于 250 瓦特的单位。大约是 1 马力的 1/3，它被称为驴力。

3匹驴＝1匹马

机器的优势

用机器来帮助牵拉和提起重物已经有千年历史。在发动机和电动机发明之前，通过简单的滑轮和复杂的滑轮组，人力或畜力能够被转化为更为有用的力量：通过拉一根绳子和一套滑轮，使得移动负载变得容易，但是相应的，按照机械效益的比例，你也必须拉得更远。

搭顺风车

自从瓦特发明了马力一词，我们走过了漫长的道路，已经出现了各种各样的起重、牵拉、推动负载的机器，它们中的很多甚至超越了瓦特最大胆的想象。在仓库周围走一走，你会看到能举起 5 吨重物的叉车，你还可能看到一个能举起 50 吨的集装箱的叉车，或者那重任正在由起重机完成。

人类的创造力给我们提供了大量不同的起重机，有用来装载船只的，有用来举起建筑材料的，甚至有能够将整个路段的桥梁放到位的——它们中最大的能举起几千吨的重量。

大约 20吨

20~600马力

5吨

关于推和拉，我们有拖拉机。比较小的，从 20 马力到 100 马力，你能在农场里发现它们；而适用于工业用途的几乎能达到 600 马力。然而，如果跟能将远洋客轮和油船拖到泊位的拖船相比，它们不算什么：海港拖船有 700~3,500 马力的引擎，而它们的“老大哥”深海拖船能超过 25,000 马力。

强大的能量

能量不会凭空出现。当我们需要较小的能量的时候，我们可以使用电池提供的化学能量，但是对于那些能够使我们的家和工业正常运转的能量，我们需要某些能源来提供。就输送而言，那几乎全靠石油，尽管石油供应日益萎缩，但目前它仍然是我们生活中应用最多、最依赖的能源。同时，我们的生活也十分依赖于将各种能源的能量转化为电力的发电厂。

为了满足需要，发电厂的输出功率必须以兆瓦（MW，百万瓦特）或者吉瓦（GW，10亿瓦特）为单位，所以追求效率是至关重要的。不同燃料的效率是不同的——燃煤发电厂相对而言效率较低，天然气发电厂效率相对较高。撇开核电的安全问题不说，对于它的效率和经济可行性如今仍众说纷纭。

核燃料 802兆瓦

石化燃料 2吉瓦

风力发电场 101.2兆瓦

水电2.1吉瓦

替代品

对于石化燃料供应的日益萎缩、污染以及全球变暖的忧虑，增进了我们对替代能源的兴趣，特别是干净、可再生能源的发电方式。直到最近，反对替代能源的争论主要出于经济上的考虑，石化燃料确实很便宜，然而现在对替代能源更深入的研究十分必要。

石油 38%

地热、太阳能、风能或者木材 1%

煤炭 26%

天然气 23%

图例：全球能源来源（2004）

核能 6%

水电 6%

自然资源，包括风、波浪、潮汐和河流已经被有所利用——比如挪威，它 98% 的电力来源于水力发电厂，而日益增多的风力发电厂正补充着我们传统的能源生产。然而，也许我们忽略了我们最重要的自然能源——太阳能，太阳在地球表面的辐射是我们目前能源消耗的数十亿倍，唯一的问题是如何利用它。

什么是瓦特？

詹姆斯·瓦特的马力给我们提供了有用的参照，但是在测量我们的日常能源消耗时它不是那么好用。然而，他还因以他本人命名的单位——瓦特（W）而流芳百世，大多数国家用它来测量电力生产和消耗。

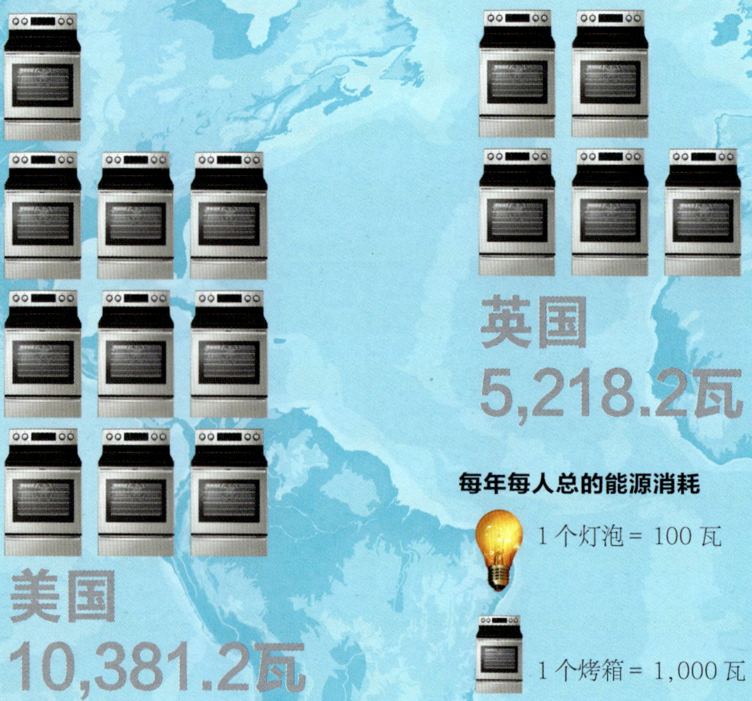

英国
5,218.2瓦

美国
10,381.2瓦

每年每人总的能源消耗

1 个灯泡＝ 100 瓦

1 个烤箱＝ 1,000 瓦

瓦特

要了解什么是瓦特，以灯泡为例——旧式的，在我们开始使用节能式之前的。你的起居室的主光源大概是一个功率为 100 瓦的灯泡。而一个咖啡机的功率大概为它的 10 倍（1,000 瓦，或者 1 千瓦）。如果你知道一个电器的瓦数，你就能算出每月哪个电器花费你更多的钱。

了解家用电器的瓦数可以使我们从某些角度衡量我们的能源消耗。比如，在美国年人均能源消耗为10,000瓦，即为一个四人家庭一年日夜不停使用400个电灯泡。

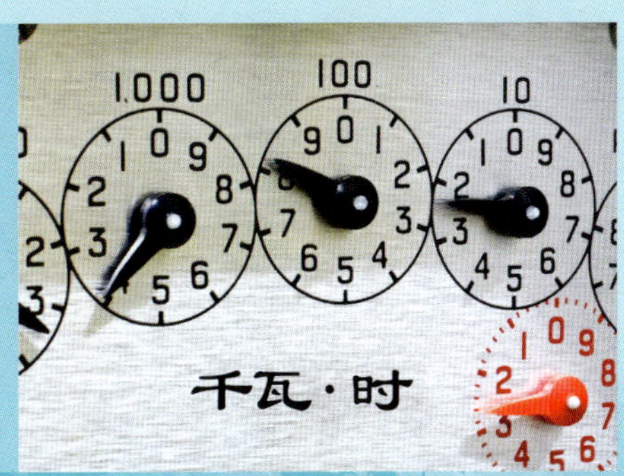

消费型社会

全球变暖的威胁使我们更加意识到了我们的能源消耗和碳排放问题。放在更宽广的背景下看待这个问题会更清晰，从生产方面来衡量它，并且在全球范围进行比较。比如，在美国每人以每年超过10,000瓦的数量消耗能源，几乎是欧洲人能源消耗的2倍，是孟加拉国人均能源消耗的50倍。更糟的是，美国使用了1.5倍于它自己生产的能源；而中东石油生产国的产出是其消耗的5倍，尽管它们在人均能源消耗排名中位居前列。

随着石油资源的耗竭，我们面临棘手的选择：是削减我们对能源的需求，还是找到新的能源生产方式？是否存在干净、可持续的新能源呢？

发人深省

我们的身体同样需要能量，即使在我们睡眠的时候。我们从食物中得到能量，这些能量不只是提供给诸如跑步和体力劳动这样的活动，而且还是保持我们的体温和重要器官正常工作所必需的（这就是为什么冷血动物比我们吃得少）。食品中的能量用千卡（Calories）来衡量 [不要跟以小写的 c 开头的卡（calories）混淆，它是千卡的 1/1,000]，每个正在节食的人都会这么告诉你的。（1 卡 = 4.184 焦耳）

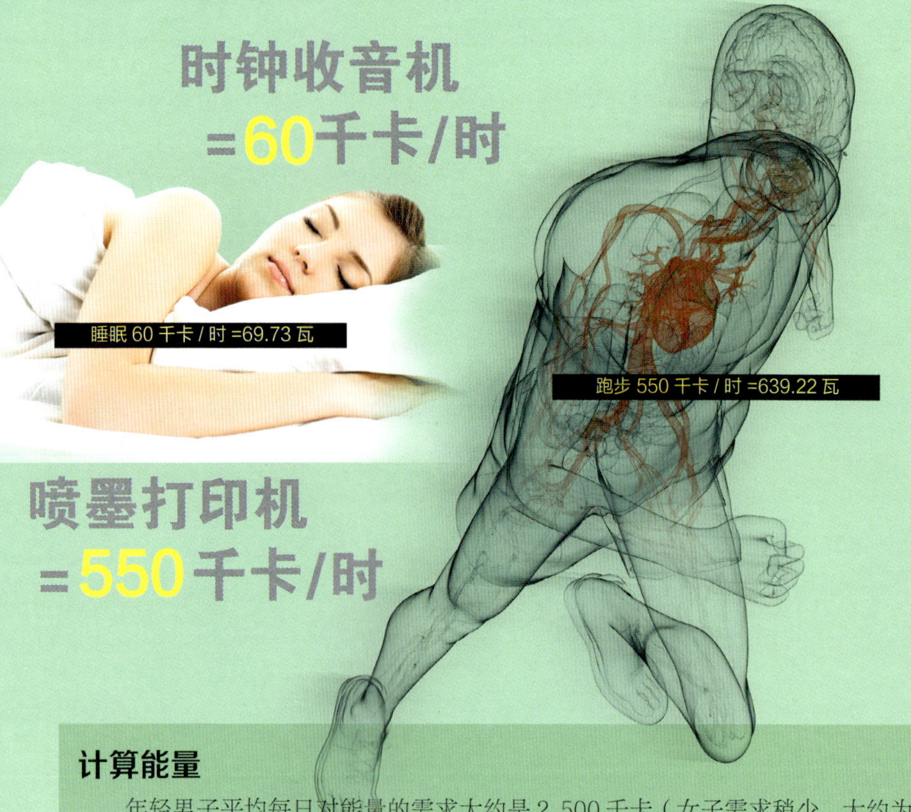

计算能量

年轻男子平均每日对能量的需求大约是 2,500 千卡（女子需求稍少，大约为 2,000 千卡）；在能量方面，那跟让一个 7 瓦的节能灯泡亮 415 小时所需的能量一样。要得到足够的能量，他或者她可以选择各种不同类型的热量不同的食物，从黄油（200 克可提供大概 1,750 千卡）到瘦肉 [一块儿半磅（约 227 克）的肉排可提供大概 550 千卡]，或者蔬菜（一份 200 克的煮白菜可提供 30 千卡）等。

消费能力

我们需要食物，而食物提供的能量能够被测量，所以它是常量——不像货币，它的价值根据市场经济的波动而波动。因此，一些经济学家使用食品或者至少一种众所周知的食品作为消费能力的测量尺码，那样就避免了美元、日元或欧元通货膨胀的复杂化。他们测量不同国家相对购买力指标的基准通常是“巨无霸”，即一个麦当劳巨无霸汉堡的价格，可以通过它来测量其他商品的价格和收入。

其他单位，比如一块面包，有时也被使用，特别是当比较一段时期的价格和收入时；英国的经济学家倾向于使用玛氏巧克力棒作为单位，而其他建议还包括使用 iPod 或者宜家的比利书架。

如果你了解世界不同地方的一个普通工人需要花费多长时间来挣到买一个巨无霸汉堡的工资，你就理解相对购买力指标（P.P.P.）的含义了。这其中不仅要考量个人的收入，还要考量巨无霸汉堡的价格。

大爆炸

跟其他很多事情一样，就能量而言，人类的力量远远在大自然之后，特别是那些毁灭性的能量。我们已经发展了强大而可怕的“大规模杀伤性武器”，比如氢弹，但是跟大自然的破坏能量相比，它们仅仅是爆竹。

我们所制造的最厉害的武器是所谓的沙皇氢弹，当 1961 年苏联测试它时，它释放出 5 千万吨级 TNT 当量的能量（像这样的大爆炸用等值 TNT 来衡量，即多少 TNT 能够引起相同的爆炸）。3/4 个世纪之前，喀拉喀托火山喷射出了 3 倍于这个苏联氢弹的能量，而据估计发生在 1815 年的坦博拉火山爆发的能量要比喀拉喀托火山强大 100 多倍。

1960年智利地震＝1,780亿吨TNT当量

1815年坦博拉火山爆发＝200亿吨TNT当量

切尔诺贝利核事故＝196吨TNT当量

手榴弹＝5.6千克TNT当量

要了解我们的破坏能力，跟地震做个比较。发生在 1986 年的切尔诺贝利核事故按里氏震级也只不过为 3.5 级（“微小”），甚至 1 千吨 TNT 当量的原子弹也只能造成 4 级（“弱”）地震。而 1960 年发生在智利瓦尔迪维亚的大地震是有记载以来最大的一次地震，震级为 9.5；相当于一个 1,780 亿吨 TNT 当量的炸弹，或者是迄今我们所能制造的最大的爆炸的 3,560 倍。

11

声音

你听到它了吗? 将声音量化是比较棘手的。对有些人来说是音乐的声音也许对其他人来说是噪声。像“响亮两倍”这样的短语到底是什么意思?或者“高两倍”?这全是感觉的问题。然而确实有特别的单位来衡量声音的响度,即分贝(dB),而测量声音的频率则使用赫兹(Hz)——但是对我们大多数人来说,它们跟它们所形容的声音一样抽象。

如果你在向警察局投诉邻居的聚会时指出他们的噪声达到了120分贝,的确会很有用,但是当你跟朋友聊天时,如果你说他们的噪声就跟一架准备起飞的客机一样,会更合适。

响度

科学家和工程师们能够令人难以置信地精确测量声音的高低，并用分贝给出它们的结果。然而，跟其他科学测量单位一样，对于门外汉来说这个术语实际上没有任何意义。要了解它，我们需要一些可供比较的东西。

分贝标度从 0 分贝开始，并且上升至大约 140 分贝，这即是听阈——换句话说，人类能听到的最轻的声音及有可能听到的最大的声音。当然在其中，有各种各样的响度。非科学地讲，这个标度类似于从沉默、耳语、对话、喊叫、链锯声、雷声到枪击声。

无独有偶，每升高 10 分贝相对应增大 2 倍的声音响度——所以一个 100 分贝的声音听起来比一个 90 分贝的声音“响亮 2 倍”。

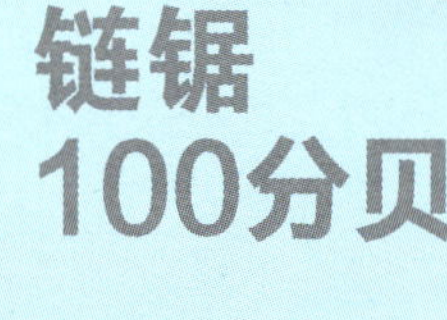

喊叫
80分贝

树叶的沙沙响
20分贝

注意，别搞错了

在作比较时分贝标度很有用，但是小心！它是一个对数的尺度。现在，不过分涉及技术，让我们看看那到底是什么意思……

将一个刚刚能听到的声音，比如非常轻的呼吸声，作为 10 分贝。要提高响度到 20 分贝(相当于叶子的沙沙声)，你需要 10 个人轻微的呼吸。要达到耳语声的水平 30 分贝，你需要 100 个人轻微的呼吸（再次 10 倍）。懂了吗？

相似的，一个人的喊叫声是 80 分贝，所以 10 人的喊叫声将达到 90 分贝，100 个人的喊叫声为 100 分贝，而千人的喊叫声将达到 110 分贝。所以在一支摇滚乐队表演时，需要超过 10,000 的人同时喊叫才能盖过乐队的声音。

76 只长号

那么，76 只长号的声音到底有多响？答案也许会使你惊讶。1 只长号能相当轻易地吹出 90 分贝的声音。你可能会以为 2 只长号能吹出 2 倍响的声音——但是你错了。要使声音的响度达到 2 倍（还记得吗，是达到 100 分贝）你需要 10 倍数量的长号，而要达到 110 分贝你得把那个数字再乘以 10 倍——那就是 100 只长号。所以 76 只能吹出 90 分贝的长号将集体吹出大约 108 分贝的响声，恰好比雷声（110 分贝）轻一些，并且足以造成一些听力损失。

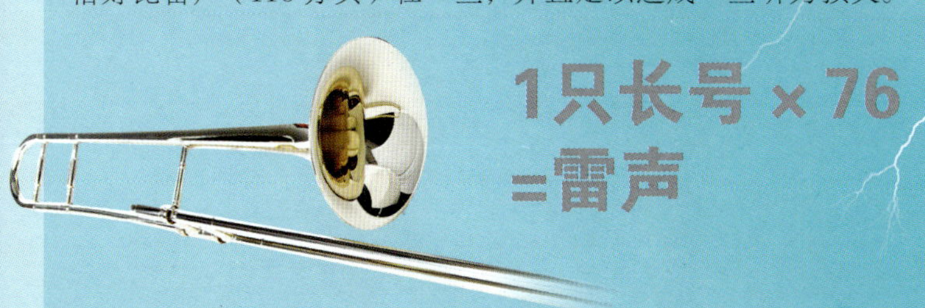

高音 Cs 和低音 Cs

人类听觉的范围不仅取决于响度，还取决于频率。我们不能听到频率过高或过低的声音，不管它们的响度如何。我们将高于和低于我们的听觉范围的声音叫做“超声波”和“次声波”，好像超出我们听觉范围的声音并不存在——但是，它们当然存在，并且其他动物常常能够听到它们。

想一想“寂静的”狗笛。因为那声音是如此高所以我们无法听到，但是它在狗的听觉范围内。蝙蝠和海豚也能精确听到声谱上端的声音，其频率大大超过我们的听觉范围（大概高 3 个八度，比钢琴的最高调高 5 个八度）。这种能力，加上能够发出超声波的声音，使这些动物们能够通过回声定位在夜晚或者在混浊的水中“视”物。

而在另一方面： 大象和鲸鱼使用非常低的音频互相交流，那声音可以穿越非常长的距离，很少有其他动物能够听得到。有一些鸟类，有令人惊讶的有限的听觉能力——它们只能听到自己的歌声范围内的声音。

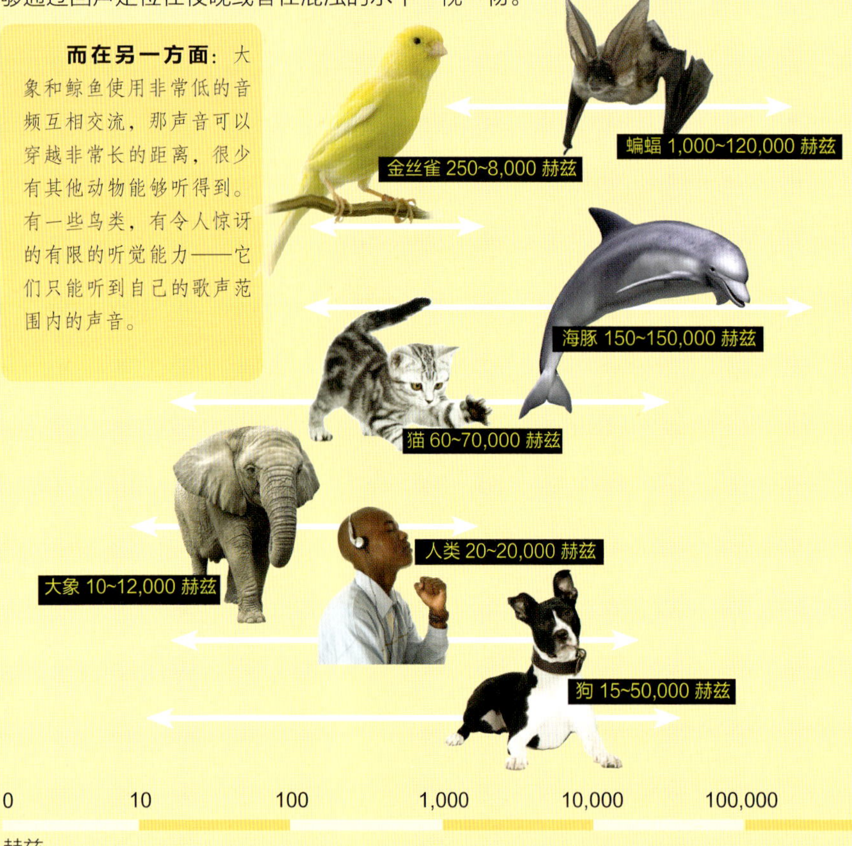

音符	频率
A0	27.5
B0	30.868
C1	32.703
D1	36.708
E1	41.203
F1	43.654
G1	48.999
A1	55.0
B1	61.735
C2	65.406
D2	73.416
E2	82.407
F2	87.307
G2	97.999
A2	110.0
B2	123.47
C3	130.81
D3	146.83
E3	164.81
F3	174.61
G3	196.0
A3	220.0
B3	246.95
C4	261.63
D4	293.66
E4	329.63
F4	349.23
G4	392.0
A4	440.0
B4	493.88
C5	523.25
D5	587.33
E5	659.25
F5	698.46
G5	783.99
A5	880.0
B5	987.77
C6	1,046.5
D6	1,174.7
E6	1,318.5
F6	1,396.9
G6	1,568.0
A6	1,760.0
B6	1,979.5
C7	2,093.0
D7	2,349.3
E7	2,637.0
F7	2,793.8
G7	3,136.0
A7	3,520.0
B7	3,951.1
C8	4,186.0

悦耳

虽然我们的听觉范围比不上蝙蝠和海豚，但是它已经足够，而且对音乐而言它提供了相当大的范围。每个声部（女高音、女低音、男高音、男低音）都覆盖了大概 2 个八度；但是似乎觉得那还不够，我们还做出了能够发出从我们听觉范围最低声音（低音巴松管）到最高声音（短笛）的各式各样的乐器。

大提琴 C2–E5

男高音萨克斯管 A2–E5

吉他 E2–F5

小号 E3–C6

小提琴 G3–C7

短笛 D5–B 7

音准：中央 C 上的 A 音符的音高在 1939 年被标准化为 A4=440 赫兹。在那之前，乐器被调为各种各样的音高，A 音符可能跟如今有四个半音（在钢琴上 4 个连续的音调）的不同。比如你在一个非常古老的风琴上弹奏 A，取决于它是在何时何地被造出来的，它的频率可能听起来是从 370 赫兹到 466 赫兹中的任何一个。

单位转换表

注释：这些是本书提到的单位，加上另外一些可能有用并且能够启发你发现具有你个人特色的单位的单位。为了方便使用，大部分数据是大概的数值，与国际单位制单位的换算数据只是近似值。利用这些单位进行的计算也常常四舍五入，有时会相当不精确。记得吗，我们讨论的是大概和迅速的比较。

长度和距离

拃	span	23厘米
步距	pace	0.9米
莱昂纳多	Len	1.83米
停车位	Pcar	5米
保龄球道	alley, al	20米
伦敦公共汽车	bus long, lbl	9米
步行5分钟	F.M.W.	500米
马拉松	Mar	42千米
尼罗河	nile	6,650千米
月距	LD	384,403千米
天文单位	AU	149,000,000千米

面积

针头	PinH	1平方毫米
衬衫纽扣	button	100平方毫米
CD或者DVD		113.1平方厘米
餐盘	plate	500平方厘米
A4纸		630平方厘米
双人床	bed	2.5平方米
停车位	P-space	10平方米
拳击台	B.R.	40平方米
威尔士	Wal	20,000平方千米
怀俄明州	Wyo	250,000平方千米
地中海	Med	2,500,000 平方千米

高度和深度		
埃菲尔先生	MEiff	1.83米
层	sto	3米
长颈鹿	gir	5.4米
埃菲尔铁塔	Eiffel	300米
哈利法塔	B.K.	828米
珠穆朗玛峰	Ev	8,844.43米

重量和质量		
一粒沙	Sgrain, sg	0.01克
跳蚤	fl	0.1克
公猫	Tom, T.C.	4千克
无名氏	J.D.	80千克
家用小汽车	carweight, fcw	2,000千克
大象	El	6 吨
伦敦红色双层公共汽车	busweight, lbw	10吨
喷气式飞机	Jumbo*, Jj	360吨
蓝鲸	Bwhale, bw	150吨

体积和存储容量		
葡萄酒杯	Wglass	125毫升
杯	cup	250毫升
葡萄酒瓶	Wbot	750毫升
浴缸	Btub	500升
奥运会标准游泳池	Opool	2,500,000升 (2,500立方米)
电话亭	Pbox	2立方米
别墅	Ho	1,000立方米
集装箱	Cont	43立方米
油箱	Gtank, Gt	57升
桶	bbl*	160升
悉尼海港	sydharb	0.5立方千米

人口

灰狗公共汽车载客量	bus	50 人
空客A380载客量	Airbus, Abus	500 人
阿尔伯特音乐大厅	Albert	5,000 人
好莱坞露天剧场	Hbowl, Hb	15,000 人
村	Vill	1,000 人
镇	Town	100,000 人
城市	City	1,000,000 人
北京	Beij, Bj	10,000,000 人
缅甸	Bma	50,000,000 人
墨西哥	Mex	100,000,000 人
印度	Ind	1,000,000,000 人
全球人口数量	Wpop, wp	6,800,000,000 人

时间

瞬间	Fl	0.001秒
秒	sec, s	1 秒
小时	hr, h	3,600秒
天	day	24小时
年	yr, annum, a	365.242天
代	gen	25年
人的一生	life	75年
世纪	C	100年
冥王星年	Py	250年
千年	ka	1,000年
百万年	Ma	1,000,000年
银河年	G.Y.	250,000,000年

温度

绝对零度	Absolute zero	−273.15 ℃
冰点(水)	Freezing(water)	0 ℃
体温(人类)	Body temperature(human)	37 ℃
沸点(水)	Boiling(water)	100 ℃
熔岩	Molten Lava	1,730 ℃
太阳表面	Surface of the sun	5,330 ℃

速度		
蜗牛	Snp	0.08千米/时
轻快的步伐	Bw	6千米/时
冲刺	spr	36千米/时
赛马	Rhorse	76千米/时
猎豹	Cheetah	113千米/时
跳伞运动员（平均落地速度，腹部朝下姿势）	Skydiver	193千米/时
客机	Jet	900千米/时
子弹	Bullet	1,600千米/时
声速	Speed of sound	1,240千米/时
光速	Speed of light	300,000千米/秒

能量		
驴力	donk	250瓦
马力	hp	745.7瓦
拔河队伍	tow	20马力
拖拉机	trac	100马力
100瓦的灯泡	bulb	100瓦
双管电暖气	2-bar fire	2,000瓦 (2千瓦)

声音		
呼吸	Breath	10分贝
叶子的沙沙声	Rustle of leaves	20分贝
耳语	Whisper	30分贝
图书馆内声音	Sound in Library	40分贝
轻声对话	Quiet conversation	50分贝
餐馆背景音乐	Muzak	60分贝
吸尘器	Vacuum cleaner	70分贝
喊叫	Shout	80分贝
柴油卡车	Diesel truck	90分贝
链锯	Chain saw	100分贝
雷声	Thunderclap	110分贝
摇滚音乐会	Rock concert	120分贝
客机起飞（100 m）	Jet takeoff	130分贝
枪击声	Gunshot	140分贝